북오션은 책에 관한 아이디어와 원고를 설레는 마음으로 기다리고 있습니다. 책으로 만들고 싶은 아이디어가 있는 분은 이메일(bookrose@naver.com)로 간단한 개요와 취지, 연락처 등을 보내주세요. 머뭇거리지 말고 문을 두드리세요. 길이 열릴 것입니다.

중3 학습
완전 정복

초판 1쇄 인쇄 | 2016년 1월 22일
초판 1쇄 발행 | 2016년 1월 29일

지은이 | 이지은
펴낸이 | 박영욱
펴낸곳 | 북오션에듀월드

편 집 | 권희중 · 이동원
마케팅 | 최석진 · 임동건
표지 및 본문 디자인 | 서정희 · 심재원
세무자문 | 세무법인 한울 대표 세무사 정석길(02-6220-6100)

주 소 | 서울시 마포구 월드컵로 14길 62 (서교동), 4F
이메일 | bookrose@naver.com
페이스북 | facebook.com/bookocean21
블로그 | blog.naver.com/bookocean
전 화 | 편집문의: 02-325-9172   영업문의: 02-322-6709
팩 스 | 02-3143-3964

출판신고번호 | 제2015-000126호

ISBN 978-89-6799-251-4 (43370)
세트 978-89-6799-248-4 (44370)

중3 학습
완전 정복

이지은 지음

북오션
에듀월드

'고등학교 공부'를 준비하는 공부법

    중3은 짧다. 정상적인 학사 일정은 1학기뿐이고 여름방학이 지나면 진학 준비를 위해 수업도 시험도 빨리 해치워버린다. 흐지부지 2학년을 보낸 학생들은 3학년이 되면서 정신을 차리고 공부를 좀 하기 시작하는데 아쉽게도 중학교 공부는 마무리가 됐으니 그 학습 의욕은 고등학교 공부 준비로 이어질 수밖에 없다. 그러는 중에 불쑥불쑥 고개를 드는 진로, 진학 고민들. 이렇게 중3의 공부는 흐름이 자주 끊긴다.

    3학년이 된 학생들은 더는 스스로를 중학생이라 여기지 않는다. 자발적인 학습 의욕도 있겠지만, 학교에서도 고등학교 진학을 위한 상담과 수업 조정을 하고 집에서도 내일모레 고등학교 갈 녀석이라며 부담을 주는 탓도 크다. 그래서 중3 공부법의 부제를 '고등학교 공부 준비'라고 정했다(각 학년의 특징을 고려해 중고등 공부를 시작하는 1학년에게는 '공부의 기본', 질풍노도의 시기를 겪는 2학년에게는 '슬럼프 극복하기'라는 부제를 달았으니 해당 학년이 아니라도 자신에게 필요한 내용이 있다면 그 책을 선택하자).

그래도 초반에는 중학교 공부에 충실해야 한다. 중간, 기말고사를 통해 무너진 성적을 확실히 회복해야 고등학교 공부 준비에도 자신감이 생기기 때문이다(1장). 떨어졌던 성적을 끌어올리려면 이전에는 안 했었던 노력들을 해야 한다. 남들은 모르는, 남들은 안 하는 나만의 고된 시간이 필요하다는 말이다(2장). 잘못된 공부 방법을 바꾸기도 해야 하고, 시험 기간이 아니라도 꾸준히 공부 시간을 지키는 진지함도 있어야 한다. 도무지 답이 안 나온다면 욕심을 버리고 한두 과목에만 매진해 성과를 내는 전략도 필요하다.

　특히 중3들에게 당부하고 싶은 것은 공부의 질을 높이라는 것이다(3장). 이것은 스스로에게 엄격할 때 가능하다. 예를 들어 숙제하는 경우를 생각해보자. 지금까지는 모르는 문제에 별표를 치고 넘어갔겠지만 이제부터는 교과서든 참고서든 뒤져서 어떻게든 풀려고 애를 써야 한다. 결국 그 문제를 풀지 못하더라도 이 책 저 책을 찾으며 공부를 하게 되고 골똘히 생각하며

사고력이 커지기 때문이다. 그렇게 했을 때 누군가 조금만 힌트를 주면 설명을 다 듣지 않아도 문제를 풀 수 있다. 이러한 학습 태도가 굳건히 형성돼야 고등학교 공부에 흔들림이 없다.

선행 학습에 대한 궁금증도 많을 텐데 공부는 유행 따라 하는 게 아니다. 스스로 선행 학습이라는 말을 쓰지 않았으면 좋겠다. 부담 없이 미리 조금 해둔다는 생각이어서는 안 되기 때문이다. 고등학교 책을 펼치는 순간 이미 수능 공부가 시작된 거다. 지금 하는 공부가 수능까지 이어진다는 생각으로 임하자. 그래서 선행 학습을 어떻게 하라는 식의 내용은 담지 않았다. 대신 내신과 수능을 함께 준비해야 하는 고등학생들이 알아야 할 공부법을 소상히 소개했다. 고등학교 공부는 철저히 입시를 위해 방향을 맞추고 있으니 그 세계의 공부를 시작하려면 전체적인 공부 틀을 알고 있어야 한다. 4장, 5장에서 도움을 받을 수 있다.

6장에서 진로·진학 고민에 대한 이야기를 한 후 부록에는 전국 고등학교 목록을 넣었다. 학생들이 "어떤 학교를 가야 할까요?"라며 고민을 하거나 "고등학교는 갈 수 있을까요?"라며 좌절할 때마다 보여주는 목록이다. 전국에 이렇게 많고 다양한 학교들이 있다는 것을 알려주고 싶어서다. 학생들은 목록을 훑어보며 "우와, 이런 학교도 있어요?"라며 신기해하기도 하고 자신이 알고 있는 학교 이름을 찾아보기도 한다. 이렇게 진로 고민의 한 고비를 넘기는 거다.

중3은 사춘기 때 벌어졌던 상처가 조금씩 아무는 시기다. 아직 온전치 않으니 욕심만큼 공부가 되지 않을 때도 있지만 불확실한 미래를 두고 제법 철든 고민을 하며 성장한다. 마음에 담대함을 품자. 불확실함으로 가득한 중3을 무사히 보내려면 잘할 수 있다는 믿음, 잘될 거라는 확신으로 스스로를 격려해야 한다. 나도 이 책을 통해 힘을 보탠다. 중3 파이팅!

2016년 1월

이지은

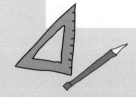

1장

무너진 성적을
회복하자

학교 수업은 모든 공부의 시작이다

평소 공부가 살아나야 한다

한동안 놀았는데 다시 할 수 있을까?

때로는 '한 놈만 패는 공부'도 필요하다

열심히 하는데 성적은 왜 안 오를까?

01. 학교 수업은
모든 공부의 시작이다

　세민이는 지금까지 학교에서 공부를 거의 하지 않았다. 수업 시간은 멍 때리다가 졸면 그냥 지나가버리고 싫어하는 선생님 수업은 그나마 고개도 들지 않았다.

　"이제 3학년이니까 집중 좀 하려고 하는데 잘 안돼요. 대충 듣고 넘어가는 게 굳어졌나봐요. 다들 학교 수업이 중요하다고 하는데 큰일이에요."

　세민이는 자신의 태도를 걱정하면서도 다른 친구들도 수업 시간 내내 계속 집중하지는 못한다며 갸우뚱했다.

　"진짜 지루한 선생님들도 있잖아요. 국어 시간에는 우리 반 거의 모두가 전멸이거든요. 처음부터 끝까지 전부 집중하는 건 불가능하지 않나요?"

인간인 이상 모든 수업마다 100퍼센트 집중할 수는 없다. 하지만 해보지도 않고 불평만 늘어놓는 것은 비겁한 태도다. 무너진 성적을 회복하고자 한다면 학교 수업을 가장 먼저 일으켜 세워야 한다. 학교 수업은 예·복습을 비롯한 숙제와 수행평가, 보충 공부의 시작점이기 때문이다.

✎ 수업을 통째로 기억하자

수업이 지루한 이유는 머리로만 공부하려고 하기 때문이다. 그러나 수업 시간에는 지식의 전달만 이루어지지 않는다. 시간표를 보고 아무 과목이나 골라 어느 한 시간 수업을 떠올려 보자. 수업종이 친 후에도 소란한 교실에 선생님이 들어오시면서 잠잠해진다. 반장의 구령에 따라 인사를 하고 선생님은 칠판에 오늘 단원명을 적는다. 무심히 따라 적는 아이들, 또 그냥 바라보는 아이들, 교실 밖에서는 체육 수업을 하는 다른 반 아이들의 웅성거림도 들린다.

수업의 맥락이라는 것은 그 내용만 뚝 떼어서 기억할 수 있는 것이 아니다. 수업 시간의 분위기와 선생님의 목소리, 수업 중 내 머릿속에 떠올랐던 잡념 등, 내가 보낸 45분은 그렇게 복합적으로 구성돼 있다. 모든 신경을 차단하고 수업에만 집중하려니 힘들고 어렵다. 자연스럽게 내가 참여한 그 수업의 상황을 기억하면 된다. 그럴 때 수업의 전체 윤곽이 보이고 딴소리처럼 들리는 선생님의 옛날 얘기도 수업의 내용과 연관성을 찾을 수 있다.

✎ 과목별로 집중 방법을 달리하자

취지가 좋다고 해서 매번 결과까지 좋지는 않다. 학생들이 자주 하는 실수 중 하나가 '어떻게'를 생각하지 않고 뛰어든다는 점이다. 그저 열심과 성실만으로 뭐든지 되리라 생각하는 모양인데 어림도 없다. 자신의 실천에 조금 더 섬세한 정성을 기울여보도록 하자.

수업 시간에 집중하려는 기특한 의지를 실천하려면 먼저 수업을 어떻게 잘 들을 것인지 생각해야 한다. 세민이는 이미 자신이 어떤 시간에 주로 자며 어떤 시간에 얼굴도 안 드는지 대략의 파악이 끝난 상태다. 시간표를 펼쳐놓고 각 과목마다 수업에 어떤 특징이 있는지 생각해보자. 체육과 컴퓨터, 음악 등의 과목은 실습이 많아서 별다른 어려움이 없다. 또한, 과학이나 기술·가정 등은 실험이나 실습이 있는지 교실 수업을 하는지 미리 생각해둬야 한다.

만약에 선생님의 말이 느려 지루하게 느껴지는 수업이라면? 그 느린 말 다 듣느라 힘 빼지 말고 '무얼 설명하기 위해 저토록 오랜 시간 설명을 하시나?'라는 생각에 초점을 둬야 한다. 그것을 생각해본 뒤 책에 표시하고 넘어가자. 말이 느린 선생님들은 시험에 나올 이슈만 수업하기에도 바쁘므로 알고 보면 알맹

이만 말씀하신다. 문학작품 읽느라 시간이 다 지나가는 국어 수업은 어떨까? 문학작품은 집에서 혼자 읽고 친구들이 돌아가며 읽는 수업 시간에는 좀 편하게 있어도 좋다. 중간 중간 던져지는 선생님의 설명과 추가 필기 등에 집중하자.

세민이의 말대로 수업 시간 내내 잠시도 딴짓을 안하는 것은 불가능한 일이다. 꼼짝 않고 수업만 들어야 옳다는 생각도 미련하다. 어디서 쉬고 어디서 집중해야 하는지 과목별, 선생님별, 수업 성격별로 구분해보자. 훨씬 편하게 수업을 내 것으로 만들 수 있다.

✎ 능동적인 사고를 유지하자

수업에 집중한다는 것은 수업 시간에 내가 능동적으로 사고하며 깨어있다는 뜻이다. 즉 선생님이 무슨 말씀을 하시는지 모두 기억하는 것은 의미가 없고, 그 수업을 듣고 내가 무슨 생각을 했는지가 더 중요하다. 그 생각이 나의 공부이고 기존의 내 지식과 수업의 내용이 연결되는 과정이기 때문이다. 수업이 지루하다면 내 생각을 가동하지 않고 선생님의 말씀만 수동적으로 받아들이고만 있었다는 의미니, 선생님을 탓하기 전에 나의 수업 태도를 되돌아봐야 한다. 따라서 '수업 시간에 절대 졸지 않겠다' 대신 '수업 시간에 내 생각을 깨워두겠다'라는 다짐이 필요하다.

물론 한 술에 배부를 수는 없는 법, 나의 결의와는 달리 졸음은 언제든지 찾아오게 마련이니 수업 중 잠깐 졸았다고 '에라 모르겠다'며 책을 덮어서는 안 된다. 나머지 수업 시간이라도 나의 결의를 실행해야 한다. 나의 목표는 수업 내용을 내 것으로 만드는 것임을 잊지 말자. 졸거나 딴짓을 좀 하더라도 상관없다. 오히려 어설픈 완벽주의로 나머지 수업까지 날려먹는 실수를 범하지 않도록 주의하자.

✎ 취약 과목을 만들지 말자

우리가 흔히 '취약 과목'이라고 하는 것은 '만들어'진다. 다시 말해서 수학적 사고력이나 국어의 이해 능력이 원래부터 약해서 그 과목을 못하는 게 아니라는 말이다. 물론 개인차는 있겠지만 초·중·고 교과과정의 학습은 선천적인 능력의 차이까지 논할 만큼 깊은 것이 아니다.

학생들은 "전 사회를 진짜 못해요. 외우질 못하겠어요", "전 수학이 약해요"라고 쉽게 말한다. 그러나 그 과목을 스스로 못한다고 느끼게 된 시점, 그 과목이 싫어진 이유를 거슬러가보면, 어려운 시험을 망친 경험이나 유독 무서웠던 선생님, 그 과목 때문에 치욕스러운 기분을 느낀 경우 등이 대부분이다. 그 과목과 관련된 나쁜 감정의 반복 때문에 그 과목을 멀리하게 된 것이다. 이렇게 혐오 과목, 취약 과목은 만들어진다.

학생들은 선생님이 싫으면 그 과목도 싫어한다. 하지만 감정과 과목을 분리하자. 선생님은 1년만 지나면 바뀌지만 나는 그 과목을 계속 공부해야 하지 않는가? 내가 싫어하는 선생님, 지루한 수업 때문에 취약 과목이 생기지 않도록 주의하자. 선생님이 밉더라도 수업 시간만큼은 중립이 돼야 한다. 예습, 복습도 빠뜨리지 말자. 취약 과목을 만들지 않는 것 또한 나의 실력임을 명심해야 한다.

02. 평소 공부가 살아나야 한다

성적이 무너졌다는 것은 평소 공부가 무너졌다는 것을 의미한다. 평소 공부가 무너졌다는 것은 학교 수업과 예·복습이 무너졌다는 것이고 그것은 곧 '에라 모르겠다' 식의 생활이 지속됐다는 것을 말한다. 따라서 성적을 회복하기 위해서는 성실한 생활이 회복돼야 하고 그 중심에 있는 평소 공부가 살아나야 한다.

중3이 돼 공부 좀 하겠다고 마음먹었다면 시험 한 번 잘 보고 마는 일회용 벼락치기를 원하지는 않을 것이다. 고등학교까지 이어질 수 있는 공부 습관이 필요하지 않을까? 매일 밥 먹고 이 닦는 것처럼 생활이 돼버리는 평소 공부는 공부의 근간을 이룬다. 실력을 높이고 싶다면 탄탄한 평소 공부로 무장하자. 지루할 것 같다고? 모르는 소리다. 공부한 만큼 느껴지는 보람은 다음 공부를 더욱 수월하게 만든다.

한솔이의 사례를 보자. 한솔이는 평소 공부 없이 벼락치기로 위태로운 점수 따기를 해온 녀석이다. 한솔이 엄마는 늘 그게 걱정이었다. 평소에는 까딱도 안 하다가 시험이 다가와서 숨이 꼴깍 넘어갈 때가 돼야 공부를 시작하기 때문이다.

"시험 때마다 제가 다 간이 녹아요. 미리 좀 해두라고 그렇게 말을 해도 안 듣는 걸 어떡해요. 저렇게 벼락치기를 해도 성적이 나오는 걸 보면 신기하다니까요. 지 머리 믿고 저러는 가본데 저게 고등학교에서도 통하지는 않잖아요. 평소에 꾸준히 하는 공부가 차곡차곡 쌓여야 하는데 한솔이는 그게 없어요. 성적 잘 받으면 뭐해요. 쌓여 있는 공부가 없는데."

엄마의 걱정은 지당하다. 발을 동동 구르며 시험공부를 하는 자녀를 볼 때마다 엄마의 마음은 얼마나 안타까울까? 한솔이도 엄마와 비슷한 걱정을 한다. 그런데도 평소에는 공부가 잘 안된단다.

"뭔가 딱 닥쳤을 때의 집중력은 진짜 평소에 나올 수 없는 거예요."

"그렇긴 하지. 그래도 너무 힘들잖아. 지나고 나면 완전 너덜너덜해지지 않니? 다시는 공부하지 않을 사람처럼."

"그게 은근히 짜릿해요."

"평소에는 공부를 전혀 안 해? 예습, 복습 같은 거."

"책이 전부 사물함에 있어서 따로 집에서 공부는 안 해요. 복습은 가끔 수업 시간에 잘 이해 안되는 것이 있으면 찾아보는 정도예요."

"그럼 평소에 집에서는 뭐해?"

"그냥 텔레비전도 보고 만화책도 보고……."

✐ 벼락치기도 나름의 공부 스타일

한솔이처럼 시험 전에 바짝 공부해서 점수를 내는 녀석들, 이런 아이들의 부모님은 바람 같은 공부가 불안하기도 하면서 내심 기대도 갖는다. '시험 직전에 몰아서 공부해도 이 정도인데 평소에도 공부를 하면 성적이 더 오르지 않을까?' 하는 기대다. 정말 그럴까? 딱 잘라 말하자면 아니다.

한솔이는 시간이 많다고 공부를 많이 하지는 않는다. 목표 지향적인 공부를 하기 때문이다. 그러나 한솔이와 다른 성향의 학생이라면 매일의 분량을 정해두고 그것을 실천하는 공부가 더 안심될 것이다. 한솔이 엄마가 여기에 해당된다. 한솔이 엄마는 한솔이의 공부를 보기만 해도 본인이 불안해진다. 한솔이 엄마와 비슷한 유형의 학생들은 시험 2~3주 전부터 조금씩 공부를 해둬야 마음이 놓인다. 제한 시간을 주고 무언가를 하라고 하면 긴장해서 제 실력만큼 해내지 못하기 때문이다. 어떤 학생에게는 '긴장'이 집중의 요소로 작용하지만 다른 학생들에게는 '불안'의 요소로 작용한다.

어느 방법이 더 좋은지는 딱 잘라 말할 수 없다. 각자 효과를 보는 방법이 다르기 때문이다. 이는 사람마다 젓가락질하는 방법이 조금씩 다른 것과 같은 자연스러운 차이다. 여러 가지 젓가락질 중 관습이나 문화에 의해 가장 '좋다는' 방법이 있듯 공부 스타일도 마찬가지다. 매일 규칙적인 공부가 권장되는 이유는 학교교육이 그렇기 때문이다.

다만 한솔이는 그렇게 권장되는 공부 방법과 맞지 않을 뿐이다. 한솔이에게 시험공부를 한 달 내내 하라고 하면 지루해 죽을 것이다. 한솔이와 같은 아이들은 '평소에 해두어도 시험 볼 때 되면 다 까먹어서 다시 공부해야 하는데 미리 해둘 필요가 없다'고 생각한다. 그러다 보니 한솔이의 시험공부는 목표 점수를 정해두고 집중적인 공부를 하는 식으로 '효율성'을 추구한다.

무척이나 실용적인 방법이다. 목표 점수가 달성되는 성취감으로 그 다음 노력을 이어가는 것이다. 시험은 어차피 좋은 성적 받자고 보는 것이니 어떻게 공부하든 잘만 보면 된다. 벼락치기가 나쁘다고만 할 수 없다는 말이다. 목표를 정하고 실천하는 과정에서는 사람마다 차이가 나는 법이니 매일 조금씩 나눠 공부하라고 강요할 수는 없지 않을까?

✎ 평소 공부는 매일을 의미 있게 보내는 연습

그러나 문제는 시험이 아니다. 한솔이에게 필요한 것은 무엇일까? 무언가를 열심히 한다는 것은 목표를 위해 달려간다는 것만을 의미하지는 않는다. 매일 보람을 느끼고 자신의 노력을 행복해하는 성취감은 그 자체로 의미가 있는 것이기 때문이다.

따라서 한솔이는 '시험'이라는 목표가 없더라도, 즉 시험 기간이 아니더라도 매일을 의미 있게 보내는 연습이 필요하다. 한솔이는 학교를 다녀오면 숙제 말고는 그냥 이것저것을 하며 시간을 보내고 있었다. 나에게 주어진 하루가 무의미하게 지나간다는 것 자체가 문제다. 한솔이 엄마는 그 시간에 공부를 하길 바라셨지만 좀 더 넓게 봐야 한다.

한솔이를 포함한 대다수의 학생들은 공부만 잘하면 자신의 책무는 끝이라고 생각한다. 그리고 그 책무 수행이 자신의 성공과 행복으로 연결될 것이라 믿는다. 그러나 성공은 그렇게 만만하게 달성되는 게 아니다. 나에게 주어진 모든 상황과 조건에 감사하고 매 순간을 의미 있게 '만드는' 사람만이 성공도 만들 수 있는 법이다.

"한솔아, 공부를 꼭 평소에 꾸준히 할 필요는 없어. 네 말대로 어차피 다 까먹으니까. 그치? 그리고 교과과정의 공부는 지혜를 얻는 공부가 아니라서 읽고 또 읽고 할 가치는 없어. 그건 선생님도 인정해. 평소에 교과 공부를 하지 않아도 좋아. 그래도 공부는 해야 해. 좋은 공부는 하면 할수록 사람을 겸손하고 강하게 만드는 거거든. 시험을 보거나 뭘 얻기 위해서 하는 것이 아니라, 사람이라면 누구나 해야 하는 거야."

✎ 평소 공부는 밥이다

공부는 밥과 같다. 건강한 생활의 뼈대가 매일 밥 세 끼를 잘 챙겨 먹는 것이듯 공부도 마찬가지기 때문이다. 밥을 제대로 먹지 않으면서 헬스클럽이나 보약만 찾는 것은 말이 되지 않는다. 매일 지켜야 할 밥과 같은 공부는 수업 집중과 예·복습이다. 그 위에 좋은 간식을 더한다면 취약 부분 보충과 심화 문제 풀이, 영어 듣기 등의 추가 공부가 이에 해당된다.

학교에 갈 때는 배고픈 사람이 밥을 먹으러 갈 때의 절실한 마음으로 가자. 수업을 들을 때는 다시는 듣지 못할 수업이니 절대 잊어버리지 않겠다는 생각으로 집중하고, 집에 돌아와 예습·복습을 할 때는 맛있는 반찬을 먹는 것처럼 반갑게 임해야 한다. 이처럼 긍정적이고 겸손한 태도가 학습 효과를 높여줄 것임은 분명하다.

지금까지 한솔이의 공부 방식은 음식으로 비유하면 밥은 먹지 않고 굶어 죽기 직전에 복합 영양제를 먹어서 위태롭게 버텨온 것이라고 해도 과언이 아니다. 나의 공부는 어떤가? 매일 정성스럽고 묵직하게 공부하자. 예습·복습을 미루고 싶은 마음이

든다면 '오늘 밥을 안 먹고 내일 여섯 끼를 먹을 수 있나?'라고 생각해보자. 그럴 수 없다. 설령 있다 하더라도 의미가 없다. 건강에 악영향을 줄 뿐이다. 오늘 밥을 먹었다면 공부를 하자. 명심하자. 공부는 밥이다. 우리는 매일 밥값을 하는 공부를 해야 한다.

✎ 잠자기, 밥 먹기 등 반복되는 일상에 공부 살을 붙이자

매일매일 조금이라도 공부를 해야 한다고 하면 학생들은 그저 아무 때나 기분 나는 대로 책상에 앉는다. 하지만 평소 공부가 자리를 잡으려면 규칙적인 시간에 정해진 공부를 하는 것이 바람직하고 가장 좋다.

없던 공부 습관을 갑자기 만들어내기는 쉽지 않다. 하나의 습관이 만들어지기까지는 엄청난 시간과 시행착오가 필요하다. 공부 습관은 어떻게 만들 수 있을까? 가장 좋은 방법은 이미 습관으로 굳어진 행동들을 뼈대로 공부 살을 붙여나가는 것이다.

예를 들면, '저녁 식사'는 매일 반복되는 습관화된 행동이다. 이것을 뼈대로 '학교 다녀와서 저녁 먹기 전'이라는 '공부 틀'을 만들어볼 수 있다. 그 시간 동안은 복습과 내일 수업 예습, 숙제 등의 공부 살을 붙일 수 있다. '잠자기'라는 뼈대도 있다. '자기 전 30분'이라는 공부 틀을 정하고 독서, 영어 듣기, 일기 등의 공부 살을 붙여보자. 저녁식사와 잠자기는 매우 확고한 뼈대들이고 그 사이에 '수목 드라마'와 같은 '잔뼈'를 세울 수도 있다.

TV 프로그램은 습관화된 행동은 아니지만 요일별로 규칙적인 공부를 하게 해주기 때문에 좋다. '드라마 ○○○ 하는 날은 수학 문제집 푸는 날'이라고 기억하면 쉽다.

✎ 매일 공부는 단순하고 반복적이어야 한다

처음에는 공부 살을 조금만 붙여야 한다. 공부 살의 양보다 공부 살이 떨어지지 않고 뼈대에 잘 붙어있는 것이 중요하기 때문이다. 공부 살로 정한 것들이 익숙해지고, 적어놓은 것을 보지 않고도 오늘 이 시간에는 무엇을 해야 할지 자동으로 실천이 될 때까지는 계속 반복해야 한다. 빠른 시간 안에 공부 살이 몸에 착 달라붙어 공부 근육이 될 수 있으려면 공부 일정이 단순해야 한다. 매일 시간별로 해야 할 것이 달라 그 때마다 계획표를 봐야 한다면 곤란하기 때문이다.

1단계 : 같은 시간에는 같은 공부를 한다. 1단계에서는 숙제와 예·복습만 지킨다. 이 공부가 익숙해져 그 시간이 될 때 자동으로 그 공부를 할 수 있게 되면 2단계로 넘어간다.

2단계 : 일주일에 이틀 정도 공부 과목을 조금씩 바꿔본다. 나에게 필요한 공부가 무엇인지 생각해서 바꿀 필요가 있을 때만 바꾸어야 하며, 1단계의 공부로도 충분하다면 바꾸지 않는다.

3단계 : 공부 계획이 바뀌거나 새로운 공부 살을 더한 뒤 적어도 3주 정도는 실천을 계속해야 한다. 처음 3주는 실천 표를 만들어 체크하고 그 이후에도 2~3개월 정도는 의식적인 실천이 필요하다. 몸에 충분히 익어서 다양한 공부 근육이 만들어질 수 있도록 반복하자.

03. 한동안 놀았는데 다시 할 수 있을까?

　성빈이는 중2가 되면서 전학을 왔다. 학교도 좋고 친구들도 착해서 잘 어울리며 놀았는데 그게 너무 길어진 것이 탈이었다.

　"친구들이랑 피시방 가면서부터 공부는 아주 손 놓았어요."

　이렇게 되면 생활도 엉망이다. 집에 있는 책상은 그저 물건을 쌓아두는 용도로만 쓰이고 책가방은 열어보지도 않은 채 그냥 매고만 왔다 갔다 한다.

　"학원비랑 책값 받아서 친구들과 노는 데 다 쓰고요. 그러다 학원도 다 끊었어요."

　"학교 수업은?"

　"전혀 안 들었죠. 숙제 같은 건 그날 애들 꺼 베낄 수 있으면 하고, 아니면 그냥 혼나고 말아요."

　처음 전학을 왔을 때는 그래도 상위권이었는데 지금은 중하위권으로 밀려나 있다. 이대로 3학년이 되면 어떻게 하나? 고등학교는 갈 수 있을까? 성빈이의 고민은 많은 대다수 중3들의 고민이기도 하다. '중2병'에 시달리다 3학년이 된 학생들은 어떻게 다시 공부를 해야 할지 막막함을 느낀다. 그동안 논 것을 회복할 수 있을지, 열심히 공부하면 성적이 다시 오르긴 할지 스스로 자신이 없는 거다.

"수업도 뭔가 좀 아는 게 있어야 듣죠. 계속 안 들으니까 뭐가 뭔지 하나도 모르겠어요. 솔직히 기말고사는 푼 거보다 찍은 게 더 많아요."

이쯤 되면 푸는 게 귀찮아서 찍은 문제들도 많다. 풀어서 틀리는 거나 찍어서 틀리는 거나 점수는 비슷하기 때문이다.

새로운 마음으로 중3을 시작하기 위해서 가장 먼저 해야 할 일은 생각을 바꾸는 일이다. 나는 '한동안 놀았던 애'가 아니고 '내 수준에 맞게 공부를 하려는 학생'이라는 점을 명심하자.

🖋 열등감 버리기

성장 과정 중 기복이 없다는 것은 아무런 욕구와 생각이 없다는 것과 같은 의미다. 몸이 크고, 생각이 크고, 마음도 크는데 한 가지의 모습만 보인다는 것은 불가능하지 않을까? 물론 몇몇 어른들은 '친구들을 잘못 만나서 그렇다'라고 남 탓을 하지만 사실 그 친구들은 죄가 없다. 이미 나에게 있는 불씨가 드러난 것일 뿐이기 때문이다.

성빈이가 칭찬받아야 할 것은 자신의 학교생활과 성적, 감정 상태를 매우 잘 파악하고 있다는 점이다. 성적이 떨어지면 자존심이 상한 나머지 학교 가기를 싫어하거나 선생님을 증오하는 식의 태도를 보이는 경우가 많은데 이와 비교해보면 성빈이는 매우 훌륭하다.

지금 가장 큰 문제는 다시 마음을 다잡으려고 해도 어느 하나 틈이 보이지 않는다는 점이다. 학교 수업은 나와 상관없이 흘러가고 혼자 공부하려니 책상 앞에 앉아본 지가 한참 돼 그것도 어색할 것이다. 한동안 놀다가 공부를 다시 하려는 학생들이 겪는 어려움은 '그동안 밀린 진도가 많아 버겁다' 정도의 사실적인 문제가 아니다. 그 뿌리에는 학교와 가정뿐 아니라 공부를 할 때 만났던 친구들과도 다시 섞일 수 없을 것만 같은 '소외감'이 있다. 놀기만 한 자신이 원망스럽고 다시 시작할 틈을 주지 않는 교육 환경이 가증스러워 '그깟 공부 안하고 마는 것'이다.

지금의 상황은 다시 공부를 할 수 없을 것 같겠지만 내가 하고자 하면 무조건 된다. 학교 수업의 속도대로 내 학습의 진도를 맞추어야만 하는 것은 아니다. 기죽지 말고 더 뻔뻔해지자. 내 잘못이 아니다. 놀 만큼 놀아봤으니 예전보다 더 공부 잘할 수 있다. 지금 나는 '한동안 놀았던 학생'이 아니라 '내 수준에 맞게 공부를 하려는 학생'일 뿐이다. 어떻게 하면 좋을지보다 더 중요한 것은 내가 나를 사랑하고 열등감을 버리는 일이다.

✎ 가장 자신 있는 과목부터 시작하자

마음은 굴뚝 같겠지만 1년 가까이 쉬던 공부를 한꺼번에 돌이킬 수는 없다. 가장 자신 있는 과목부터 시작하자. 덮어 놓고 놀았기 때문에 '자신 있는'이라는 수식어가 이상할 거다. 그래도 내가 제일 좋아하는(그도 아니라면 그나마 만만한) 과목은 있을 것이다. 좋아하는 선생님이 가르치는 과목이어도 상관없다. 우선 나에게 학습 동기를 회복시켜 줄 과목을 하나만 고르자.

오늘까지는 책가방을 열어보지 않고 장식용으로만 매고 다녔지만 내일부터는 가방 안에 내가 고른 한 과목의 교과서와 노트, 유인물을 챙겨보자. 내일부터 한 달 동안은 그 과목 공부만 한다. 다른 수업 시간은 예전처럼 자든지 놀든지 수업을 들어보든지 마음대로 하고, 그 과목 시간에는 집중한다. 모르면 모른다고 표시하고 아는 내용이 나올 때 반가워하면 된다.

집에 돌아오면 오늘 수업한 내용을 다시 보고 문제집을 뒤져서 비슷한 유형의 문제를 풀어보자. 만약에 시간이 남는다면 그 단원의 인터넷 강의를 들어보자. 한 달 동안 그 과목만 공부하는 거다. 가까운 날짜에 시험이 있다면 그 과목만 시험공부를 완벽하게 한다고 생각해도 좋다.

이렇게 한 우물만 파는 이유는 '어! 되네'라는 체험을 하기 위해서다. 도무지 교과목 중에 마음에 드는 것을 고를 수 없는 학생은 아무 책이나 골라 밤을 새워 읽어도 좋다. 책상 앞에 앉아 있는 자신이 민망하지 않다는 것만으로도 이미 시작은 성공한 셈이다. 내가 공부한 그 과목의 성적이 오르는 것을 확인한 후에는 한 과목을 두 과목, 세 과목으로 늘려나가는 것도 어렵지 않다. 어렵지 않을 뿐 아니라 대견하고 즐거운 경험의 연속이다.

지금은 모든 것이 막막해 아무것도 보이지 않겠지만 조용히 살펴보면 그중에서도 조금씩 보이는 구멍이 있기 마련이다. '할 수 있을까?'라는 두려움에는 매번 '할 수 있어'라고 대답하자. '다시 놀고 싶은 마음이 생기지 않을까?'라는 걱정은 공부를 시작해본 후에 하자.

04. 때로는 '한 놈만 패는 공부'도 필요하다

　유성이는 고등학생인 누나의 손에 이끌려 공부를 하러 왔었다. 착한 누나는 자신의 공부를 하면서도 '너무 노는' 동생이 늘 걱정이라고 몇 번 말을 했었는데 어느 날엔가는 "대견스럽게도 이 놈이 공부를 해야겠다고 하네요"라고 이야기를 전해왔다. 유성이가 너무 놀아서 공부를 어떻게 해야 하는지 모른다는 것이 누나의 또 다른 고민이었다. 누나에게서 전해들은 유성이의 성적은 '전교 꼴등을 겨우 면한 정도'였다.

　나는 유성이에게 '한 놈만 팬다'는 생각처럼 선택과 집중의 전략으로 공부하기를 추천했다. 손에 잡히는 한두 과목을 골라 공부하며, 공부를 한다는 느낌이 무엇인지 유성이가 스스로 경험하는 것에 초점을 뒀다.

　공부할 환경이 안됐든 흥미가 없었든 공부를 안하던 학생들은 '해야겠다'는 생각이 든 후에도 방향을 잡지 못한다. 그래서 다시 놀고, 계속해서 놀기를 반복하면서 공부와는 점점 멀어지는 악순환이 되풀이된다.

사정이 이러니 공부하겠다는 마음이 들었더라도 정작 공부는 하지 못한 채 열등감과 상처만 짊어지고 다시 놀러간다. 놀던 아이들이 공부하고 싶을 때는 그 방법과 방향을 알려줄 누군가가 필요하다. 유성이의 경우는 누나가 그 하소연을 들어줄 수 있어서 매우 다행이었다고 할 수 있다.

유성이가 공부를 안 했던 이유는 그저 공부에 흥미가 없었기 때문이다. 초등학교 때는 아무런 생각도 없이 놀았고, 중학교 와서도 그다지 공부에 대한 애정이 생기지 않았는데 초등학교 때보다 중학교 때의 친구들은 노는 강도와 정도가 달라 더욱 신나고 재미있게 놀 수 있었다.

그렇게 1, 2학년을 보내고 나니 고등학교 갈 걱정도 되고, 학교 분위기도 점점 공부와 성적만 인정해 주는 분위기로 규제가 심해져서 함께 '자유롭던' 친구들은 탈선에 이르기 시작했단다. 그때가 2학년 말, 공부를 하려고 보니 수업을 제대로 들어본 적도, 시험공부를 해본 적도 없어서 공부를 어떻게 하는 것인지 전혀 감을 잡을 수 없었다고 한다. 그렇게 대충 겨울방학을 보내고 3학년이 시작됐다.

유성이를 처음 만난 것은 중학교 3학년 3월 말이었다. 누구든 공부를 하기로 마음먹은 학생이라면 꼭 강조하는 말이 있다. 바로 '어제까지의 너를 잊어라'다. 유성이도 마찬가지다. 지금까지의 성적이 어떻든 하려는 마음이 생겼으니 반은 성공했다고 봐야 한다. 그래도 이 '답 없는 녀석'을 어떻게 구워삶아야 할까?

✎ 용감하게 놀던 기질을 활용하자

공부를 할 때도 각자의 기질이나 성격을 이용하면 좋다. 유성이는 부모님의 걱정, 선생님의 잔소리, 친구들의 분위기가 어떻든 만사를 제치고 신나게 놀았다. 이런 '느긋함'은 아무나 가질 수 있는 것이 아니다. 마음이 여린 학생들은 정말로 공부가 하기 싫어도 며칠 게으름을 부리다 말 뿐 '대놓고' 공부와 담을 쌓지는 못하기 때문이다.

유성이의 성격이 이러하니 이것을 공부할 때도 써먹어야 한다. 이 또한 재능이기 때문이다. 소설가 이외수 씨는 작품을 쓰기 시작하면 최소한의 음식만 먹으며 방에서 나오지 않는다고 한다. 방문을 못으로 박은 적도 있단다. 유성이도 마찬가지다. 유성이는 지금까지 노는 데 집중력을 다 써서 문제였을 뿐, 유성이가 만일 주변의 시선, 일상의 잡스러운 일들을 모두 무시하고 공부에만 집중했다면 놀라운 성과를 냈을 것이다.

유성이처럼 놀던 학생에게는 매일의 공부 목록을 적으라거나 일주일의 공부 계획을 세우고 하나씩 지키라는 식의 방법이 먹히지 않는다. 지금까지 놀던 '가닥'이 있는데 어찌 그런 좀스러운 행동을 견딜 수 있을까?

✎ 선택과 집중

"가장 자신 있는 과목이 뭐야?"

"없는데요."

"그럼 제일 만만한 과목은?"

"……."

"그래도 해볼 만한 과목이 있을 거 아니야. 다른 과목에 비해서 그나마 덜 지겹다든지."

"수학이요."

의외였지만 유성이가 고른 것은 수학이었다. 다른 것은 외우고 쓰고 귀찮은데 수학은 어떻게든 풀면 되는 것이니 그나마 골치가 덜 아프다는 것이다. 그래서 우선 유성이의 첫 번째 타깃은 수학으로 정했다.

"공부에 대한 생각이 많겠지만 지금부터 중간고사 볼 때까지는 수학 공부만 하자. 미친 듯이 수학만 파는 거야."

다행히도 중간고사는 예체능 과목의 시험을 보지 않는다. 자연히 공부 과목의 부담이 덜한데, 그래도 유성이에게는 만만치 않은 분량들이다. 그 모든 공부를 해야 한다는 부담으로 고민하느니 자존심을 세워 줄 '효도 과목'을 하나 정해서 그 과목을 열심히 공부하는 것이 낫다.

이 방법은 만사 제쳐놓고 놀았던 유성이의 특성에 맞는 방법이다. 다른 과목을 제쳐놓고 수학에만 집중해도 크게 불안하지 않을 것이기 때문이다. 다른 과목을 소홀히 한다는 불안감보다 한 과목에 집중하면서 공부의 재미를 훨씬 크게 느낄 수 있다.

"4월 말이나 5월 초에 중간고사를 보니까, 지금부터 한 달 정도 남은 거다. 그치? 그때까지 수학만 공부해보자. 그 대신 완벽하게 하는 거야."

유성이는 해볼 만하다고 했다. 무언가 재미있는 게임을 시작하기 전에 보이는 긴장감과 웃음 섞인 눈빛을 볼 수 있었다. 이 공부를 위해 한 달 동안 유성이와 약속한 공부 내용은 다음과 같다.

1. 마음에 드는 수학 문제집을 하나 장만한다.

지금은 교과서 풀기도 버겁겠지만 시험공부를 하려면 교과서만으로는 부족하다. 학교에서 방과 후 수업이나 보충 교재로 쓰는 문제집이 있다면 따로 사지 않아도 좋다(학교에서 사라는 문제집을 충실히 다 푼 경험이 있는 학생은 거의 없다). 그렇지 않다면 하나 마련한다. 학교 교과서와 동일하게 구성된 자습서도 좋고 디자인이 마음에 드는 문제집도 좋다.

2. 수학 시간에는 무조건 수업에 집중한다.

다른 과목 시간에는 수업을 듣든지, 평소대로 자든지, 음악을 듣든지 마음대로 한다. 공부한답시고 갑자기 모든 행동을 바꾸는 것은 불가능하다. 그렇지만 내가 책임지고 공부하기로 한 수학 시간만큼은 제대로 공부하도록 한다. 선생님이 문제를 풀면 나도 풀고, 못 풀면 표시해두고, 숙제 내주시면 열심히 하자.

3. 집에 돌아오면 반드시 복습을 한다.

수학 수업이 있었던 날은 집에 돌아와서 반드시 그날 수업했던 내용을 복습한다. 교과서는 물론, 수업 시간에 본 유인물이 있다면 그것도 함께 가져와 복습해야 한다. 복습을 할 때는 수업 시간에 풀었던 문제를 다시 푼다는 생각보다 수업 시간을 '리플레이'한다고 생각해야 한다. 선생님이 어느 부분에서 중요하다고 했는지, 어떤 순서로 설명이 이어졌는지 등을 다시 되새겨보는 것이다. 그래야 수업 시간이 통째로 기억되기 때문이다. 이 습관은 유성이가 어려워하는 '외울 거 많고 복잡한' 과목들을 공부할 때 큰 힘을 발휘할 것이다.

4. 학교 진도만큼 문제집을 풀어나간다.

하교 후 잠이 들기 전까지의 시간은 이렇게 복습과 해당 진도의 문제 풀이로 시간이 지나간다. 학교에서 보는 교재 복습은 그 수업이 있었던 날 모두 해치우기로 하고 수학 수업이 없는 날과 주말에는 문제집을 푼다. 학교 수업을 들은 후이니 단원 앞의 정리는 다시 보지 않고 넘어가고 문제만 풀어본다. 모르는 것이 나오면 교과서로 돌아가 학교 수업을 회상하면서 힌트를 얻고 문제집의 요약정리와 해설은 부가적으로만 이용한다. 그래야 그 단원에 대한 사고 체계가 학교 수업을 기준으로 일관성 있게 엮어지기 때문이다.

요약하자면 학교의 수업 진도를 따라가며 교과서와 문제집을 충실히 공부하는 것이다. 이렇게 하면 내가 따로 공부 계획을 세울 부담이 줄어들고, 중간고사 시험공부를 자연스럽게 할 수 있다(학교에서 나간 진도만큼 그날 학습 분량으로 정해지기 때문이다. 하루에 얼마나 공부를 해야 할지 정하기 어려운 학생이라면 이 방법을 따라해보자). 이렇게 '한 놈만 패는' 공부의 목적은 공부의 부담을 줄이면서 재미를 느끼기 위한 것이다.

유성이는 그나마 만만한 수학을 골라 공부를 시작하는 부담을 덜 수 있었고, 한 과목만 공부한다는 특이한 상황을 즐겼다. 한 과목만 공부하는 것이니 게으름도 피우지 않았다. 한 달 후 유성이의 중간고사 수학 점수는 66점이었다. 5점부터 30점까지 화려했었던 예전의 점수에 비하면 매우 칭찬할 만한 점수다.

✎ 공부를 시작하며 얻은 것들

유성이는 이번 공부에서 수학 점수 말고도 얻은 것이 더 많다.

1. 공부 시작

공부를 시작했다 하더라도 다시 놀게 되는 악순환을 반복하는 수많은 학생들을 생각하면 이것만 해도 유성이의 성공은 대단히 다행스럽다고 할 수 있다.

2. 수업에 집중하는 연습

수학 한 과목뿐이었지만 수업 시간에 집중한다는 것이 무엇인지 체험할 수 있었다. 이는 다른 과목에 바로 적용할 수 있는 공부 태도다.

3. 복습의 재미

수업 시간에 봤던 것을 다시 한 번 보며 '뭔가 알 것 같은 느낌'을 받았다고 한다. 이 성취감은 다음 복습의 원동력이 된다. 복습의 의미를 경험하면 습관적으로 실천하는 것은 어렵지 않다.

4. 책상 앞에 앉아 있는 자신의 모습

유성이는 공부하는 자신이 어색하다고 했다. 초등학교 이후로 책상에 앉아본 기억이 거의 없고, 숙제도 소파에서 하거나 텔레비전 보면서 했었는데, 책상에 책 펴고 의자에 앉아 제대로 공부하니 공부하는 폼도 나고 공부 시간도 길어졌다.

5. 다른 과목도 공부할 수 있을 거라는 자신감

다음 시험에는 수학 말고도 몇 과목을 더 골라보기로 했다. 수학 공부를 했던 것처럼 다른 과목도 수업 잘 듣고 집에서 복습하며 진도만큼 문제 풀고 공부하면 될 일이다. 유성이의 성적이 모든 과목에 걸쳐 고르게 오르는 것은 이제 시간문제다.

유성이는 시간을 정해두고 공부하는 것보다 해야 할 것을 정해두고 공부하는 것을 더 좋아했다. 이는 비판적 · 탐구적 사고력이 강한 학생들의 공통점이기도 하다. 이런 학생들은 방향과 목표량이 정해지면 그 후에는 자신의 공부에 간섭하는 것을 싫어하는데, 유성이가 앞으로 길러야 할 것은 자신의 공부 관리를 스스로 해나가는 능력이다.

지금까지는 학교의 진도에 따라 자신의 공부 분량이 자동으로 정해졌으니 어려움이 없었지만 앞으로는 스스로 진도를 나가야 하는 공부도 있고, 스스로 공부의 분량을 정해야 하는 경우도 생긴다. 그 방법을 배운다면 자기 마음대로 공부를 조절해나가는 재미도 느낄 수 있다.

목표를 정하고 즐기며 쫓아갈 줄 아는 유성이를 보며 그 아이가 미래에 어떻게 자신의 성과를 만들어나갈지 예측해볼 수 있었다. 주변의 술렁임에 마음을 뺏기지 않고 자신의 색깔을 유지하는 과감함도 대단한 재산이다. 이전에는 이러한 특성을 '활용'해 놀았지만 이제는 공부도 할 수 있게 됐다. 공부는 나의 모든 개성과 특징을 버리고 도 닦듯 하는 것이 아니다. 나다움을 살려 내가 가장 자연스러울 수 있는 방법이어야 한다. 유성이는 그 실천이 어떤 것인지 보여준 학생이라 할 수 있다.

05. 열심히 하는데 성적은 왜 안 오를까?

　중간고사가 시작될 무렵 한 방송사에서 중간고사 시험 대비에 대한 인터뷰를 하겠다고 해서 급히 녹화를 한 적이 있었다. 공중파 방송이기는 했으나 이른 아침 방송되는 프로그램이라 '누가 신경 써서 보기나 하겠나'라고 생각했었는데, 바로 그 방송이 나간 날 저녁 한 아버지께서 전화를 주셨다.

　"오늘 아침에 방송을 보고 전화드립니다. 우리 아들 공부하는 것 때문에 선생님을 꼭 한번 뵜으면 좋겠는데요."

　상훈이와는 이렇게 만나게 됐다. 속으로는 '정말 유별난 아버지다. 얼마나 대단한 아들이기에 텔레비전을 보고 전화번호까지 알아내 전화를 하실까?'라는 생각을 했었다. 그런데 상훈이와 그 부모님을 만나보니 내 생각이 부끄러워졌다. 부모님은 모두 인자한 미소가 끊이지 않는 분들이었고 상훈이도 나이에 비해 점잖고 무척이나 성실한 학생이었다.

상훈이는 크면서도 부모님 속 썩인 적 한 번 없었다고 한다. 스스로 자기 할 공부를 잘 챙겨 하고 있어 어느 하나 흠 잡을 곳 없는 아이였다. 걱정이 딱 하나 있다면 공부하는 만큼 성적이 안 나오는 것이다. 부모님은 어떻게든 해보려고 애쓰는 상훈이가 안쓰럽다고 하셨다. 착한 아들 상훈이의 문제는 무엇일까? 상훈이에게 지금 하고 있는 공부가 무엇인지 물었다.

"화요일, 목요일은 학교 갔다 와서 수학 학원 가고요. 다른 날은 다 똑같아요."

"똑같이 뭘 공부하는데?"

말이 별로 없는 상훈이를 위해 평소 하는 공부들을 적어보게 했다(내향형 성격의 학생들은 부모님과 선생님 앞에서 무언가 말하는 자체가 매우 쑥스러운 일이기 때문이다. 특히 자신이 하고 있는 공부에 대해서는 자신감이 더욱 떨어진다). 상훈이의 평소 공부는 이렇다. 학교 수업이 끝나면 저녁 먹을 때까지 그날 수업 복습을 한다. 그 후에는 영어와 수학 공부를 하는데 수학은 학원에서 내주는 숙제가 많아 숙제 문제집을 푸는 것으로 공부하고, 영어는 자습서를 보며 다음에 배울 단원 예습을 한다. 이 정도라면 크게 나무랄 것이 없는 공부다. 이것저것 욕심부리지 않고 꼭 해야 할 공부만 잘해내고 있으니 놀랄 정도였다.

"이렇게 공부하라고 누가 알려줬어? 완전 알짜배기 공부만 하고 있는데?"

"아니요. 그냥."

"그냥 혼자 생각해서 이렇게 하는 거야?"

"네."

✏ 성실함이라는 함정

상훈이의 성적은 반에서 15~18등 정도다. 한 반에 37명이라니까 신기할 만큼 딱 중간이다. 항상 열심히 하는데 왜 성적이 더 오르지 않는 걸까? 문제는 상훈이의 '성실함'이다. 상훈이는 매일 같은 시간에 공부를 시작하고 비슷한 시간에 저녁을 먹고 같은 시간에 공부를 마친다. 이게 무슨 문제가 될까 싶지만 상훈이에게 성실함은 비효율을 보이지 않게 하는 아군 속의 적군인 셈이다. 하루도 빼놓지 않고 공부를 하면서도 공부 시간에 무슨 공부를 어떻게 하는지는 신경을 덜 썼던 것이다.

즉 성적이 욕심만큼 오르지 않으면 자신의 게으름 탓으로 여겨 텔레비전 보는 시간을 줄이는 등의 노력을 했을 뿐, 지금 하고 있는 공부가 문제라는 생각은 하지 않았다.

"상훈아, 너의 공부 태도나 양은 너희 반 1등보다 낫다. 그런데도 성적에 차이가 생기는 이유는 '성적을 올릴 만한 공부'를 하지 않았기 때문이야. 공부를 했다는 것이 중요한 것이 아니라 내가 얼마나 알고 있느냐가 중요한 거야. 복습을 할 때는 어떤 식으로 하니?"

"수업 시간에 필기한 거를 다시 읽어봐요."

"좋은 방법이야. 그런데 다시 읽어보는 행위 자체를 공부라고 할 수는 없어. 매일 비슷한 방법으로 공부하니까 별다른 차이를 못 느꼈겠지만 그걸 조심해야 해. 복습을 한 후에는 내가 이 수업에서 뭘 배웠는지를 2~3분 정도 중얼중얼 설명해봐.

설명이 잘되지 않는다면 명확하게 공부한 것이 아니야. 그냥 복습을 했다는 느낌만 있는 거지. 그리고 복습은 학교에서 수업이 끝나면 쉬는 시간에 바로 끝내도록 해. 집에 와서 복습을 하면 시간도 많이 걸리고 효과도 떨어지니까. 복습은 학교에서 다 하고 집에서는 독서를 하거나 네가 어려워하는 과학, 사회 문제집을 조금씩 풀어보는 것이 좋겠다."

✎ 시간 · 요일 구분으로 공부에 긴장감을 주자

* 그날 수업 복습 : 집에 돌아와 바로 하는 것도 기특하지만 복습은 학교에서 해치우기로 했다. 수업이 끝난 후 쉬는 시간과 점심시간을 활용해 복습을 해버리면 복습을 빠뜨릴 염려도 없고 수업 직후라 반복 학습의 효과도 크다. 복습을 학교에서 마치면 집에서의 시간을 여유롭게 쓸 수 있다. 쉬는 시간에 공부를 하는 것은 만만한 일이 아니지만 성실함이 자랑인 상훈이는 할 수 있을 것이다. 상훈이는 이 시간 배분을 아주 만족스러워했다.

- 학원 숙제 : 수학 공부를 겸해 하고 있는 학원 숙제는 화·목·토에만 하기로 했다. 복습을 학교에서 마친 후 생기는 여유 시간을 활용하기 위해서다. 지금까지는 숙제 문제집이 책상에 아무 때가 펼쳐져 있었지만 이제는 구분해야 한다. 화요일과 목요일은 학원에 가는 날이므로 학원 가기 전후에 숙제를 한다면 검사를 의식해서라도 집중적으로 공부하게 될 테니 괜한 시간 낭비를 줄일 수 있다. 부족한 부분은 토요일에 하면 된다.

- 사회, 과학 문제집 풀이 : 수학 공부를 하지 않는 월·수·금에는 사회, 과학 공부를 한다. 공부 방법은 학교 수업 진도만큼 문제집을 푸는 것이다. 사회, 과학은 공부 분량이 많은데도 시험 때 말고는 따로 공부하지 못해 골치가 아픈 과목이었다. 상훈이의 고민을 풀기 위한 방책이다.

- 독서 : 매일매일 단 30분이라도 책을 읽도록 했다. 물론 책은 언제 읽어도 상관없지만 취침 전에 책을 읽는 것이 잠들기에 편안하고, 게다가 책의 내용 쉽게 까먹지 않는다.

상훈이의 공부 변화

구분 (대략의 시간)	상담 전 상훈이의 공부	상담 후 상훈이의 공부	
학교 (07:00~16:00)		그날 수업 복습	
오후 공부 (17:00~19:00)	그날 수업 복습	수학 : 학원 숙제 (화 · 목 · 토)	사회 : 학교 수업 진도까지 문제 풀이(월 · 수 · 금)
	수학 학원(화 · 목)	수학 학원(화 · 목)	
저녁 식사 (19:00~20:00)	식사, TV, 휴식	식사, TV, 휴식	
저녁 공부 (20:00~23:00)	수학 : 학원 숙제	수학 : 학원 숙제 (화 · 목 · 토)	과학 : 학교 수업 진도까지 문제 풀이(월 · 수 · 금)
	영어 : 자습서로 예습	영어 : 자습서로 예습	
		독서 : 취침 전 매일 30분	

✎ 없는 시간 탓하지 말고 있는 시간 활용하자

시간과 돈은 쪼개 쓸수록 늘어나는 법이다. 시간이 없어 공부를 못하는 경우는 없다. 상훈이도 성적을 올리기 위해서는 공부를 더 많이 해야 한다고 생각했지만 '지금 하는 공부도 빠듯한데 뭘 더 어떻게 할까?'라는 막막함을 풀지 못했었다. 많은 시간을 내려고 하지 말자. 상훈이가 사회, 과학 공부를 더 할 수 있게 된 것은 복습 시간을 비웠기 때문에 가능했다. 복습 시간을 학교의 자투리 시간으로 흡수시켜버리니 오후 시간이 통째로 여유로워진 것이다.

학교에서 보내는 시간은 깨어 있는 시간의 2/3를 넘는다. 등교 후 아침 자습 시간, 쉬는 시간, 점심시간, 산발적으로 주어지는 자습 시간 등을 모으면 매일 엄청난 시간을 확보할 수 있다. 이 시간을 활용하자. 그날 수업 복습은 물론, 수학 문제 풀이, 영어 독해 등 토막 공부가 가능한 것은 학교에서 하자. 공부를 더 하기 위해 잠을 줄이거나 '이거 빨리 끝내고 다른 거 해야 하는데' 같은 압박감을 갖는 것은 피곤만 더할 뿐이다.

✎ 조바심 내지 말자

상훈이가 흠 잡을 데 없이 착한 아이라는 점도 공부할 때는 스스로를 힘들게 하는 요인이 될 수 있다. 그만큼 자신을 엄격하게 대하기 때문이다. 피곤하거나 기분이 좋지 않아 그날 공부를 다 하지 못하면 스스로를 탓하느라 속이 상하고 만다. 그러다 좌절하고 성적이 욕심만큼 나오지 않으면 점점 어두워질 수밖에 없다. 그러므로 상훈이와 같은 학생들은 자신감이 절대적으로 필요하다.

"상훈아, 항상 내가 최고라고 생각해. 하루를 마칠 때는 그날 못한 걸 생각하면서 아쉬워하지 말고, 그날 공부한 것이 무엇인지, 알게 된 것이 무엇인지를 되새기면서 잠자리에 들어. 어떤 날은 하루 종일 한두 문제 풀다 지나갈 때도 있잖니. 그날도 그 한두 문제 풀고 공부한 내용을 떠올리면서 절대 잊지 않을 생각만 하면 돼. 계획은 다음날 다시 세우면 되는 거니까 조바심 내지 말고."

상훈이가 막내아들이라는 점도 참 다행이다. 부모님이 상훈이에게 큰 부담을 주지 않기 때문이다. 이 소심하고 내향적인 아이가 잔소리꾼 어머니와 '이 집안의 기둥' 어쩌고 운운하는 아버지와 함께 산다면 답답함이 폭발해버릴 것이다.

마음을 잡고 공부 좀 하려는데 성적이 오르지 않는다면 얼마나 기운 빠질까? 상훈이처럼 매일 성실히 공부하는데도 성적이 오르지 않는다면 무언가 알맹이를 놓치고 있는 것은 아닌지 점검해야 한다. 수업 시간이든 혼자 공부하는 시간이든 마칠 때마다 스스로에게 '이 공부를 하면서 내가 알게 된 게 뭐지?'라고 물어보자. 매 순간 공부의 목적과 의미를 되새기는 습관이 몸에 익으면 성실함이라는 엔진이 빛을 발하게 될 것이다.

'착실하다'는 칭찬 듣는 학생들을 위한 공부 내공

심리 검사 분포를 보면 우리나라에는 상훈이와 같은 유형의 성격이 가장 많다. 당연히 학생들 중에도 상훈이와 같은 어려움을 호소하는, 그러나 마음속에 간직하고만 있는 친구들이 많을 것이다. 상훈이에 게 했던 당부를 많은 학생들에게도 선물한다.

– 공부 방법 바꾸기를 두려워하지 말아라

지금까지 해왔던 것을 놔두고 다른 공부를 한다는 것이 매우 불편하겠지만 더 좋은 방법이 있다면 망설일 필요 없다. '해오던 공부'에 대한 미련은 이미 책임감으로 굳어졌을 뿐, 학습 효과는 별개의 문제다.

– 양보다 질이다

몇 시에 자는지, 텔레비전은 얼마나 봤는지 등으로는 '열심'을 측정할 수 없다. 성실함은 좋은 태도지만 성실함의 내용이 무엇인지가 결과를 좌우한다. 공부의 양은 이미 타고난 성품으로 누구보다 앞설 수 있으니 질을 고민하자. 특히 상위권 학생들이라면 더 짧은 시간을 들여 비슷한 성과를 낼 수 있을 테니 효율적인 시간 활용에 욕심을 부려보자.

– 계획을 세우고 책상 정리하며 공부 시동을 걸어라

착실한 학생들의 책상은 늘 말끔하다. 공부 계획이나 노트도 언제나 정리가 잘돼 있다. 학생들은 계획을 세우느라 시간 다 보내고, 공부하려고 앉으면 책상 정리하느라 시간 다 보낸다고 걱정하지만 그것은 '자기다운' 습관이니 시간 낭비라고 좌절할 필요 없다. 공부 계획을 세우며 그날 할 공부를 머릿속에 생생하게 떠올리고 책상 정리하며 공부할 마음이 준비되기 때문이다.

남보다
더 하는 공부

01. 쉬는 시간 복습 노트

3학년이 시작되는 3월은 누구나 열공 의지를 불태운다. 수업 잘 듣는 것은 기본, 배운 내용을 복습하는 것도 열심히 하는 학생이라면 누구나 다 한다. 남들보다 조금 더 효과를 내고 싶다면 집에 돌아가 복습을 하는 대신 수업 직후 복습을 해보자. 배운 내용을 노트에 정리하면 쉬는 시간을 활용할 수도 있고 기억에 남는 내용도 훨씬 많다.

겨울방학 동안 이사를 한 헌재는 친구들이 하나도 없는 학교에서 3학년을 시작했다.

"담임선생님은 어때? 반 친구들도 괜찮아?"

"네. 걱정 많이 했는데 다행이에요. 근데 교실 분위기 장난 아니에요."

"왜?"

"애들 완전 공부만 해요. 쉬는 시간에도 조용해요. 3학년이라 그런가? 이 동네 학교들은 다 이래요?"

"이 동네가 그런 게 아니라 3월에는 전국이 다 그래. 좀 지나봐. 날씨가 풀리고 긴장도 풀리면 말도 못하게 시끄러워질 테니까."

"아, 그런가? 그래도 전 열심히 할 거예요."

"제발 그래라. 다른 애들은 쉬는 시간에도 무슨 공부를 그렇게 열심히 해?"

"정석 푸는 애들도 있고 단어 외우는 애들도 있고 그래요."

"넌 뭐 했어?"

"공부할 책이 없어서 그냥 교과서 읽었어요. 나름 재밌던데요?"

"뭐가?"

"쉬는 시간에 잠깐 봤는데도 수업했던 내용 다시 보니까 복습이 되더라고요."

"오호~ 직후 복습을 했다 이거지?"

"직후 복습이요?"

"그래. 수업 끝나고 바로 수업 내용을 빠르게 훑어보는 것을 직후 복습이라고 해. 직후 복습으로 공부하는 고수들이 꽤 있지."

직후 복습은 학습 후 망각이 일어나기 전에 수업 내용을 반복하는 공부법이다. 인간의 두뇌는 최초 학습 후 20분부터 망각이 진행되고 한 시간만 지나도 절반 이상 잊힌다. 따라서 방과 후 집에 돌아가 하는 복습은 투자한 시간 대비 효과가 크지 않다. 단 몇 분이라도 수업 직후 쉬는 시간에 하는 것이 훨씬 효과적이다.

"예습, 복습이 중요하다는 거야 초등학생들도 다 알지. 그런데 어디 그게 말처럼 쉽니? 맘 잡고 해보려고 해도 한 두 과목하고 나면 저녁 시간이 다 지나가버리잖아. 깜박 하고 교과서 안 챙겨온 날도 있고, 집에 가져온 교과서를 학교에 다시 가져가는 걸 까먹기도 하고 말이야. 그렇게라도 해서 효과가 있다면 하라고 하겠지만 그렇지 않다는 거야. 학교에서 쉬는 시간에 재빨리 해버리는 복습보다 못해."

"오늘은 공부할 게 없어서 우연히 한 건데. 앞으로 계속 직후 복습 해야겠어요."

"훑어보는 것도 좋지만 복습 노트를 만들면 더 좋아."

"노트까지 쓰라고요? 그 짧은 시간에 가능할까요?"

"가능하도록 써야지. 복습 노트는 5분을 넘지 말아야 해. 완벽한 노트 정리를 하는 게 아니고 수업 내용 중 핵심이 되는 내용만 작성하는 거야."

"그럼 그냥 훑어보는 거랑 뭐가 달라요?"

"네가 아직 노트의 힘을 모르는구나. 보는 것보다 쓰는 게 훨씬 머리를 많이 쓰는 작업이야. 쓰기 위해서는 먼저 잘 들어야지, 어떤 단어를 사용할까 어떤 순서로 쓸까 생각을 해야지, 또 손을 움직여야 하잖아. 쓰면서도 눈으로 보게 되고. 쓰는 과정만으로도 몇 번의 반복과 재구성이 일어나. 그래서 학습 효과가 더욱 큰 거라고."

매 교시 쉬는 시간에 작성한 복습 노트는 방과 후에 다시 한

번 읽으면서 반복하자. 하교길 버스나 전철 안에서 자투리 시간을 활용하면 딱 좋다. 남들은 한 번 하기도 어려운 복습을 두 번이나 하는 거다. 이렇게 복습을 해놓으면 시험 때까지 수업 내용이 생생하게 기억난다.

또 하나, 복습 노트의 매력은 쓰면 쓸수록 더욱 수업에 집중하게 된다는 점이다. 수업 시간에도 복습 노트를 인식하게 되면서 자연스럽게 수업의 맥락을 기억하려고 애쓴다. 수업이 끝나면 수업의 흐름을 까먹기 전에 노트에 기록하게 되고 기록하면서 기억이 정교해지고 방과 후에 다시 복습하면서 완전히 암기된다. 유기적인 반복으로 억지로 외우지 않아도 머릿속에 남으며 시험 기간에 벼락치기할 일도 없는 것이다.

복습 노트의 선순환 구조

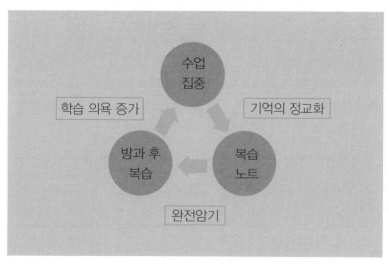

일주일 후 헌재를 다시 만났다.

"복습 노트 써봤어?"

"쓰긴 썼는데요."

"그런데?"

"수업 내용 까먹기 전에 빨리 쓰려다 보니까 글씨가 엉망이에요."

"괜찮아. 검사받을 것도 아닌데 뭐. 그래도 복습하는 데 지장은 없잖아?"

"네."

"그럼 됐지 뭐. 쓰다 보면 익숙해져서 글씨도 예뻐질 거야. 복습 효과는 어때?"

"공부는 정말 제대로 돼요. 수업도 집중하게 되고요. 쉬는 시간에는 정신없이 막 쓰는데 집에 가서 다시 보면 다 생각나요. 틀린 글씨도 고치고 더 쓸 거 있으면 더 쓰기도 하고 그래요."

"복습 노트 같이 쓸 친구가 있으면 좋을 텐데. 모르는 건 서로 물어보기도 좋잖아. 뭐든 혼자 하는 것보다 함께하는 게 오래 가는 법이거든."

"그러게요."

"교실 게시판에 붙여봐. 복습 노트 같이 쓸 공부 친구 구한다고. 3명 정도면 적당해. 너무 많으면 돌려보는 데 시간 걸려. 분명 대충 하려는 애들도 생겨날 거고."

복습 친구가 필요한 건 복습 노트를 돌려보기 위해서만은 아

복습 노트의 힘

제가 복습 노트를 처음 쓴 건 고1 때였습니다. 제가 속해 있는 자기주도학습 동아리의 공통과제였기 때문에 쓰기 시작했어요. 쉬는 시간마다 복습 노트를 쓰고 수업이 다 끝나면 동아리 교실에 모여서 서로 복습 노트를 돌려봤습니다. 다른 반 친구들의 노트에는 이미 우리 반이 배운 내용도 있었지만 아직 우리 반이 배우지 않은 수업 내용이 적혀 있기도 했어요. 그 노트들을 읽는 것이 저에겐 예습이나 복습이 됐습니다. 같은 과목이어도 다른 선생님이 수업하시면 수업 내용도 조금씩 다르니까 시험 볼 때 도움이 많이 됐습니다. 다른 친구들은 노트를 이렇게 쓰는구나 하고 배울 점도 있었고요. 친구들이 내 노트를 본다는 생각 때문에 복습 노트를 대충 쓸 수도 없었습니다. 복습 노트를 쓰면 쓸수록 요령이 생겨서 짧은 시간 안에 더 많은 내용을 쓸 수 있게 됐고 처음에는 말로만 썼는데 점점 그림도 그리고 표도 만들었습니다. 복습 노트 덕분에 성적도 많이 올랐는데 1학년 마칠 때 즈음에는 전 과목 평균 1.5등급이 나왔습니다.

('선행 학습 없는 바른 교육 만들기 공모전' 대상 효문고등학교 백경현 학생)

니다. 직후 복습의 실천률은 3월에 매우 높다가 점점 떨어지는 경향이 있는데 그 이유가 '친구들이 쉬는 시간에도 공부한다고 놀리기 때문'이다.

"정말요?"

"좀 유치하지? 그래도 사실이야."

"하긴 저도 쉬는 시간에 공부하는 친구들 보면 뭐 하냐고 툭툭 치고 그랬으니까요."

"하는 사람은 농담이어도 듣는 사람은 그렇지 않거든. 다음 쉬는 시간에도 신경 쓰이고 말이야."

"그렇겠네요. 같이 공부하는 친구가 있으면 부담이 덜할 거 같아요."

"노력하는 사람들은 서로 알아보는 법이야. 어차피 새 친구도 사귀어야 하는데 이번 기회에 같이 공부하는 친구들 좀 만들어 보면 어때? 네가 꾸준히 열심히 하는 모습을 보여봐. 자연스럽게 공부하려는 친구들이 네 주변에 모이게 될 거야."

새 공부가 시작되는 3월은 무엇이든 새로운 마음으로 시작하기에 좋은 달이다. 새로운 수업과 동시에 복습 노트를 작성해보자. 함께 복습할 친구를 만들 수 있다면 더없이 훌륭한 1년이 될 것이다.

02. 시험 후 보충 공부

　대부분의 중학생들은 중간, 기말 시험을 기준으로 공부가 오르락내리락한다. 평소에는 잠잠하다가 시험이 다가오면 서서히 시동이 걸리고 시험이 다가올수록 급격하게 상승해 시험이 끝나는 순간 뚝 떨어지는 것이다. 이렇게 기복이 심한 공부를 해서는 남보다 공부를 잘하기는커녕 이전의 나보다 나아질 수가 없다. 이제 중3. 단단히 마음먹고 공부 한번 제대로 해보고 싶다면 시험 후 뚝 떨어지는 공부를 조심하자. 아울러 시험 기간 중 부족했던 공부는 시험이 끝나고서라도 마무리하는 진지함을 가져야 한다.

　중간고사를 마친 헌재가 날아갈 듯 상담실로 들어온다.

　"휴, 속이 다 시원해요."

　"수고 많았어. 그런데 오늘은 공부 안 할 건가봐? 시험이 끝나니 아주 빈손이네?"

"에이, 오늘 같은 날은 좀 쉬어야지요. 친구들이랑 함께 노래방에 가기로 했어요."

"그래. 시험 끝난 날까지 열공하는 건 좀 무리지. 그래도 마음속에 몇 가지 새겨둘 것은 있어. 그렇지 않으면 마냥 놀기만 하거든."

✎ 시험 기간 중 다 하지 못한 공부

공부 잘하는 사람은 시험 전후 공부의 분량과 리듬에 차이가 없다. 시험 끝난 날 평소보다 쉬는 시간을 더 가질 수는 있겠으나 그 이유는 정규 수업이 없어 하교 시간이 빠른데다 복습 분량이 없기 때문이다. 같은 맥락으로 시험이 끝난 후 평소에는 안 하던 공부를 해야 할 수도 있다.

"시험이 끝난 후에 공부를 더 많이 할 수도 있다고요?"

"필요하다면 그래야지."

"무슨 공부가 필요한데요?"

"제일 먼저 생각해야 할 건 시험 기간 중 다 하지 못한 공부야. 공부를 하면서 가장 중요한 건 스스로 정한 약속을 지키는 거거든. 마음속으로 이렇게 저렇게 공부하겠다고 결정한 게 있다면 그렇게 해야 하는 거야. 시험 전에 모든 공부를 마칠 수 있다면 좋겠지만 그렇지 못했다면 시험이 끝난 후라도 스스로 정한 공부는 모두 해야지. 그렇게 공부가 완성돼야 내 실력이 커지지 않겠어? 시험이 끝났다고 하던 공부를 중단하는 건 멀게 보지 못한 공부야."

중간ㆍ기말고사는 1년의 공부를 4등분해 평가하는 수단에 불과하다. 시험 범위는 1년 동안 해야 할 공부를 4등분한 것이라고 여겨야 하며 시험 기간의 컨디션에 따라 공부의 완성도가 달라져서는 곤란하다. 시간이 부족해 계획한 공부를 다 마치지 못했다면 시험이 끝난 후라도 마저 공부를 해야 한다.

"시험 전에 하려고 한 공부는 다 했어?"

"다 한 것도 있고 못한 것도 있어요."

"거봐, 그냥 노래방 갔으면 다 못한 공부를 그냥 넘어갈 뻔했잖아."

"한 번도 다 끝난 시험공부를 다시 해본 적은 없어요."

"헌재뿐만 아니라 대부분의 학생들이 그래. 하지만 스스로 정한 공부를 시험이 끝난 후라도 완성하는 습관은 정말 중요해."

"선생님 말씀이 맞는 것 같아요. 다 못한 공부는 어떻게 하죠? 오늘 노래방 못 가는 건가요?"

"무슨 소리. 노래방은 가야지. 스트레스 풀고 놀면서도 머릿속에는 돌아가서 뭘 해야겠다는 인식이 살아있으면 되는 거야. 그런 생각이 있을 때 더 신 나게 놀 수 있거든."

시험 후 공부는 시험공부의 기억이 생생할 때 해야 한다. 따라서 시험이 끝난 날 바로 과목별 보충해야 할 공부를 파악하는 것이 중요하다.

"시험 범위 중 일부를 못한 경우도 있을 거고 '한 번 더 봐야지' 해놓고는 못 본 과목도 있을 거야. 그런 과목은 '한 번 더 보기'도 보충 공부에 해당돼. 공부의 기준은 각자의 마음속에 있는 거니까."

"이건 정말 양심적으로 해야 하는 거네요. 내가 어떻게 정했느냐에 따라 공부 분량도 방법도 달라지잖아요."

"그래. 이런 게 내 공부의 주인이 되는 공부야. 그 유명한 자기주도학습이라고."

시험 후 공부는 점수와 상관없이 해야 한다. 100점을 받았더라도 스스로 부족한 공부가 있다고 여겨지면 해야 하는 거다. 이렇게 시험을 뛰어넘는 공부, 점수를 두려워하지 않는 공부를 해야 공부의 고수가 될 수 있다.

"남을 이기려면 남들보다 덜 놀고 덜 자면서 공부해야 한다고들 하지?"

"네. 성적도 경쟁이니까요."

"시험 기간에 열심히 공부하는 건 누구나 다 해. 하지만 시험 끝나고 부족했던 부분을 보충하는 공부는 하는 사람이 거의 없어. 시험 끝나고 노는 건 당연하다고 여기니까. 남들이 당연하게 놀고 있을 때 헌재가 시험 후 보충 공부를 한다면 그게 바로 남보다 많이 하는 공부, 남들 놀 때 하는 공부가 되는 거야."

"오, 멋있어요!"

"내 마음에 정한 대로 성실히 따르는 공부를 하다 보면 남을 이기는 건 아주 쉬워. 나 자신만한 경쟁자가 세상에 어디 있겠니?"

✎ 평소 공부로 돌아오기

시험이 끝나면 학교에서는 학생들에게 휴식을 주기 위해, 또 수업 집중도가 떨어진다는 점을 감안해 수학여행, 축제, 재량 휴업일 등 이런 저런 행사 일정을 넣는다. 그러니 시험 후 긴장을 풀기 시작하면 하염없이 놀게 된다. 공부의 탄력을 잃지 않기 위해서는 평소 공부 모드를 하루 빨리 회복해야 한다.

"평소 공부로 빨리 돌아오는 가장 좋은 방법은 예·복습을 철저하게 지키는 거야. 시험 후 시작되는 학교 수업은 다음 시험 범위의 시작이기도 하잖아."

"그게 참 어려워요. 시험 끝나고 나면 수업 시간에도 시험 문제 답 맞추고 어쩌고 하면서 수업 분위기가 예전 같지 않거든요. 진도가 쪼끔 나가도 '다음에 한꺼번에 복습하지 뭐' 하면서 그냥 지나가게 되고 그래요."

"그래서 철저하게 지키라는 거야. 조금이라도 의식적으로 그날그날 복습을 지키도록 해. 예·복습이 기준이 돼야 다른 공부들도 시험 전처럼 이어질 수 있거든."

"맞아요. 지난번에 중간고사 끝나고 놀기 시작해서 기말고사 시작할 때까지 정신 못 차린 적 있어요."

✎ 평균 이하 과목은 시험 범위 다시 공부

시험 후 학습 관리 마지막 포인트는 평균 이하의 과목은 시험 범위 전체를 다시 공부해야 한다는 것이다. 공부를 전혀 안 했거나 시험 직전에 대충 훑어보고 시험을 치른 과목은 주요 과목이 아니라도 다시 공부해야 한다.

"시험 범위 전체를요?"

"교육과정이 요구하는 최소한의 수준은 갖추고 넘어가기 위해서야."

"하긴 그래요."

"전교생 평균을 기준으로 하면 돼. 평균 이하의 점수를 받은 과목은 없거나 있어도 한 두 과목 정도일 거야."

"솔직히 그냥 버리는 과목들이죠 뭐."

"시험 기간에는 시간도 부족하고 부담이 되니까 그렇게 생각할 수 있어. 그래서 시험 후라도 공부하라는 거야."

시험 범위 전체라 해도 시험 전처럼 부담이 없으니까 오히려 공부하기도 편하다. 또 시험문제를 이미 알고 공부하는 것이라 취약 과목이라 해도 중요한 내용에 집중해서 공부할 수 있다.

다시 강조하지만 시험은 내 공부를 더 잘하게 만드는 도구여야지 그 자체가 목적이 돼서는 안 된다. 지금까지의 시험공부가 시험 전날까지의 공부였다면 이제부터는 시험 범위의 공부를 완전히 마칠 때까지여야 한다.

03. 양심 오답 노트

학생들은 오답 노트를 정말 쓰기 싫어한다. 이유는 두 가지다. 하나는 한번 푼 문제를 또 봐야 하니 귀찮기 때문이고, 또 다른 이유는 해도 뭐가 좋은지 모르기 때문이다. 귀찮은 거야 어떻게든 극복할 수 있겠지만 해도 뭐가 좋은지 모른다면 얼마나 무의미한 공부일까? 지금까지 효과도 모른 채 숙제로만 오답 노트를 해왔다면 방법을 바꿔보자. 오답 노트는 나의 취약점을 발견하고 보완하기 위한 것이며 그 목적을 위해 문제의 선별과 작성 방법도 달라져야 한다.

✎ 시험지에 바로 하는 오답 노트

오답 노트의 목적을 이루기에 적합하다면 '노트'라는 형식에 한정될 이유는 없다. 사실 노트에 오답 복습을 하면 그림, 사진이 있는 문제와 제시문이 긴 문제들을 옮겨 적기 곤란하다는 문제가 생긴다. 생략하자니 공부가 제대로 되지 않고, 복사해서 붙이자니 오려붙이는 데 시간을 다 쓴다.

시험지에 바로 오답 복습을 하면 문제를 옮겨 적을 필요도 없고 복사해서 오려붙일 필요도 없다. 게다가 내가 시험 보며 끼적였던 고민의 흔적이 남아 있으니 반복해서 보기도 쉽다.

사실 시험지에 바로 하는 오답 노트가 진가를 발휘하는 것은 고등학교에 가서다. 모의고사를 본 후에는 틀린 문제를 한 번씩만 다시 푸는 데도 상당한 시간이 걸리기 때문이다. 그렇다고 오답 복습을 안 하고 넘어갈 수도 없는 노릇이다. 이때 시험지에 바로 하는 오답 노트가 큰 역할을 한다.

✎ 채점과 상관없이 복습할 문제를 표시하자

학생들은 오답 노트를 '막노동'으로 여긴다. '틀린 문제 다시 쓰기'로만 오답 노트를 해오던 아이들은 100점 맞은 시험에서는 오답 복습할 게 없는 줄 안다. 하지만 오답 복습은 채점을 기준으로 하는 게 아니다. 오답 노트의 취지는 문제를 통해 드러난 나의 약점을 보완하는 것이므로 꼭 틀린 문제에 한정되지 않기 때문이다.

시험이 끝나고 나면 맞고 틀린 채점과 상관없이 스스로 복습이 필요한 문제에 별표를 치자. 찍어서 맞춘 문제, 헷갈리다 틀리거나 맞은 문제, 끝까지 자신이 없었던 문제들이 모두 포함된다. 반대로 단순 실수로 틀린 문제(예: 3번이라고 생각했는데 체크를 4번이라고 한 경우, 54라고 계산했으면서 답에는 45라고 적은 경우 등)는 오답 복습에서 제외한다. 이렇게 문제를 살피다 보면 스스로 어떤 실수를 했고 무엇을 몰랐는지 점검하게 되므로 효과적이다. 공부의 필요성을 알았으니 귀찮다는 투정도 줄어든다.

숙제로 오답 노트를 해야 하는 경우는 어떨까? 숙제의 규칙은 '틀린 문제 다시 공부하기'다. 하지만 내가 하는 오답 노트는 맞았어도 확실히 모르면 오답 복습의 대상이 된다. 숙제의 경우는 이 두 가지가 합쳐진다. 즉 숙제의 규칙대로 틀린 문제 전부(실수로 틀린 문제도 포함된다)와 맞은 문제 중에 복습이 필요한 문제까지 모두 해야 한다. 다른 친구들은 맞은 문제는 거들떠도 안 본다. 찍어서 맞췄으면서도 다시 볼 생각을 안 한다. 하지만 제대로 된 공부는 양심에 따르는 공부다. 안 해도 혼나지 않지만 스스로 필요하다고 생각해서 더 하는 공부, 이것이 능동적인 공부며 내 공부의 주인이 돼가는 방법이다. 이렇게 또 '남들보다 많이 하는 공부'를 실천하는 것이다.

✎ 틀린 이유와 스스로 하는 해설

오답 노트의 취지는 틀린 문제를 통해 나의 취약점을 발견하고 그것을 공부해 실력을 높이고자 함이다. 따라서 틀린 문제를 다시 한 번 써보거나 그냥 풀어보는 것만으로는 효과를 볼 수 없으며, 틀린 문제 속에 숨겨진 나의 취약점을 찾아보고 그것을 보완하려는 공부를 해야 오답 노트의 효험을 체험할 수 있다. 즉, 오답 노트에는 '문제를 틀린 이유'와 '그 이유에 대한 해설'이 담겨야 한다. 당연히 모범 해설에는 나와 있지 않은 내용이다. 그래서 같은 문제를 틀렸더라도 오답 노트로 복습하는 내용은 학생마다 달라야 한다.

복습할 문제를 표시했으면 먼저 '이 문제를 틀린 이유'를 생각하자. 그 문제를 풀 때 헷갈렸던 부분, 시간을 오래 끌었던 부분을 떠올리면 된다. 문제 끝에 달린 단서일 수도 있고, 그림의 어느 한 부분일 수도 있다. 아리송한 부분이 문제나 보기에 있으면 색연필이나 형광펜으로 표시하고, 그렇지 않으면 틀린 이유를 간단히 여백에 적는다(예 : 대입하는 공식을 헷갈렸다).

해설은 바로 내가 그 문제를 틀린 이유에 대한 설명이다. 나의 취약점을 위한 해설이니 문제 전체를 잘 풀기 위한 모범 해설은 필요 없으며 내가 잘 몰랐던 부분에 대해서만 나에게 가르치듯 해설을 적으면 된다. 그렇게 오답 복습은 스스로 문제점을 찾고 해결하는 과정이다. 틀린 이유는 번호 옆 여백에, 해설은 문제 아래 여백에 적으면 된다. 해설을 적을 여백이 부족하다면 포스트잇을 활용하자.

✎ 학기말에 시험지 복습으로 총정리

시험의 목적은 교과 과정의 학습 목표를 달성했는지 여부를 측정하기 위함이다. 따라서 시험문제는 그 자체로 학기 중의 공부를 요약하는 알맹이라 할 수 있다. 그 알맹이들이 가득한 시험지에 별표를 치고 틀린 이유와 그 해설을 적었으니 그보다 더 훌륭한 교재가 어디 있을까? 특히 한 학기를 마무리할 때는 시험지만 다시 공부해도 훌륭한 총정리 복습이 된다.

04. 매일 목표 달성을
경험하자

축구를 하다 왔는지 아예 축구화를 신고 나타난 준범이. 꾀부리지 않고 열심히는 하지만 그래도 뛰어노는 게 더 좋은 평범한 중3이다. 준범이에게 오늘의 공부 목표가 뭐냐고 물었다.

"목표요?"

마치 목표라는 단어를 처음 들은 사람처럼 머뭇거린다.

"그런 거 없는데요."

아마추어같이 그런 걸 왜 묻느냐는 표정이다.

"오늘 공부 어디까지 해야겠다, 뭐 그런 거 없어?"

"어, 수학 숙제해야 돼요."

"얼마나?"

"봐야 알아요. 그렇게 많지는 않았던 거 같은데. 시간 남으면 인터넷 좀 하려고요."

학생들에게 오늘 목표가 뭐냐고 물으면 대부분 모른다고 답한다. 이번 주 목표, 이번 달 목표는 물을 것도 없다. 답을 한다는 녀석들도 '여기까지 푸는 거요'라고 숙제 분량을 말하고 있을 뿐 스스로 정한 목표는 없다. 이것은 안타까운 걸 넘어 위험하기까지 한 일이다.

✎ 목표를 세우지 않으면 뇌세포는 그저 논다

삼성서울병원 뇌신경센터 소장인 나덕렬 교수는 '목표가 없는 뇌는 죽은 뇌'라고 했다. 우리 뇌 속에는 뇌세포가 천억 개 있는데, 목표를 세우지 않으면 뇌세포는 그저 놀기만 할 뿐이라는 것이다. 반대로 목표를 세우고 부단히 노력하면 전두엽에 있는 내 머릿속 CEO가 깨어날 뿐만 아니라 뇌세포 전체가 일사불란하게 움직인다. 뇌세포들의 수상돌기에 가지가 생겨나서 서로 긴밀하게 대화하고, 뇌 속 깊숙이 들어 있는 신경줄기세포가 활성화되면서 필요한 곳에 신경세포를 나르기 위해 분주히 움직인다.

중3은 전두엽의 폭발적인 성장이 완만한 성장으로 변하는 시기다. 활화산처럼 터져버린 전두엽의 뇌세포들이 제자리를 찾고 조직을 갖추기 시작할 때라는 말이다. 바로 이때 뇌세포의 군기를 바짝 잡아놓을 필요가 있다. 나 교수의 말에 따르면 그 방법은 목표를 세우고 부지런히 노력하는 것이다.

✏️ 장기 목표보다 단기 목표가 성공 경험에 유리

목표는 거창하지 않아도 좋다. 사실 중학생들의 뇌는 장기적이고 복잡한 목표를 관리할 만큼 성숙하지 않다. 오히려 눈에 보이는 목표, 손에 잡힐 만한 목표를 정하고 달성하는 경험을 하는 것이 좋다.

매일의 목표를 만들자. 그날의 목표는 전날 밤에 정해져야 한다. 다음날 해야 할 숙제며 공부를 목록으로 적어보자. 그 다음 다른 건 몰라도 이것만은 건지자는 심정으로 달려들어야 한다. 숙제는 남이 내준 것이기는 하나 내 몫이 된 이상 나의 목표로 관리돼야 한다. 준범이에게 미흡했던 점이 바로 이 단계다. 숙제가 얼마나 되는지 목표를 구체적으로 인식하지 못하고 있으니 숙제를 언제 할지, 어떻게 하면 빨리 끝낼 수 있을지 전략을 세워야 할 뇌가 놀고 있는 것이다. 그런 상태에서는 숙제를 다 한다 해도 목표를 달성했다는 성취감이 생기지 않는다.

목표를 달성했다는 성공 경험은 그 다음 목표 달성을 위한 에너지가 된다. '내일은 뭘 목표로 하지?'라는 기대가 생기는 것이다. 매일 목표를 세우고 그것을 이루는 순환을 반복하다 보면 조금 더 큰 일주일의 목표도 세울 수 있다. 이번 달의 목표, 올해의 목표도 마찬가지다. 큰 성공은 작은 성공들이 모여 이루어진다. 그러니 큰 성공을 꿈꾼다면 작은 성공들을 모아야 하고, 성공을 만들기 위해 끊임없이 목표를 세워야 한다.

이제 중학 생활이 얼마 남지 않았다. 하루하루가 허투루 보낼 수 없는 소중한 날들이다. 매일 달성해야 할 작은 목표들을 세우자. 뇌에 목표가 입력되는 순간 천억 개의 뇌세포는 반짝이며 깨어난다. 목표를 세우는 것과 그렇지 않은 것에 얼마나 큰 차이가 나는지 직접 실험해보기 바란다. 조물주가 모두에게 공평하게 준 전두엽을 어떻게 사용하느냐는 각자의 몫이다.

공부를 하며 긍정적인 태도를 유지하는 것은 성적과 직결된다. 만약
지금 성적이 좋더라도 부정적인 사고방식을 가졌다면 공부를 못하게
될 가능성이 크다. 비록 지금은 성적이 그리 좋지 않더라도 긍정적인
사고방식을 가졌다면 단언컨대 반드시 성적이 오를 것이다.

공부 고수되기

01. 학습 효율 높이기 5원칙

곧 고등학생이 된다는 부담은 중3을 철들게 한다. 생각 없이 놀던 흐름도 멈칫하고 진로에 대한 고민도 늘어가면서 불끈 진지한 학습 의욕이 생기는 것이다. 하지만 학습 의욕을 높이는 것뿐 아니라 유지하는 것도 실력일 터, 효율적인 공부를 위해 도움이 되는 방법을 몇 가지 살펴보자.

✎ 원칙 1. 긍정적 사고

'선무당이 장구 탓하고 목수가 연장 탓한다'는 속담처럼 일이 잘되면 내가 잘한 것 같고 그렇지 않으면 다른 사람 때문에 잘못된 것 같다고 여기는 마음은 누구에게나 있다. 좋지 않은 일을 회피하고 그에 대한 책임을 피하려는 건 사람의 기본적인 심리다. 하지만 이런 자세는 공부뿐만 아니라 앞으로 어떤 일을 하더라도 자신의 발전에 도움이 되지 않는다.

성공과 실패의 원인을 어디에 돌리느냐가 학업 성취도에 큰 영향을 미치는데, 시험 결과를 받아들이는 태도만 봐도 공부를 잘하는(할) 사람인지, 못하는(할) 사람인지 알아볼 수 있다.

공부를 잘하는(할) 사람		공부를 못하는(할) 사람	
성공했을 때	실패했을 때	성공했을 때	실패했을 때
역시 노력은 배신을 하지 않는다니까	이번엔 사실 좀 열심히 안 했지. 다음엔 더 열심히 해야겠다	문제가 쉬웠나? 운이 좋았네~	내가 그렇지 뭐~ 능력이 그 정도밖에 안 되는데 어쩌겠어?

성적이 좋은 학생은 성공의 경험에서 자신감을 얻고 실패하더라도 노력을 더 하면 된다고 생각하기 때문에 쉽게 좌절하지 않는다. 공부 잘하는 아이들이 갖는 꽉 찬 자신감이 얄미워 보이는 경우도 있지만 사실은 그 힘으로 고된 공부를 이어나가는 것이다. 10대의 자신감은 매우 중요한 에너지원이기 때문이다.

반면 성적이 나쁜 학생은 성공하더라도 자신의 능력을 스스로 인정하지 않고 실패하면 능력 부족이라고 생각한다. 노력해도 성공하지 못할 거라고 생각해버리므로 자신의 떨어진 성적이나 좋지 않은 점수를 당연히 여긴다.

공부를 하며 긍정적인 태도를 유지하는 것은 성적과 직결된다. 꼴찌들을 대상으로 한 실험에서 수업 시간에 바른 자세로 미소를 지으며 선생님을 바라보게 했더니 꼴찌들의 성적이 올랐다는 연구 결과도 있다. 만약 지금 성적이 좋더라도 부정적인 사고방식을 가졌다면 공부를 못하게 될 가능성이 크다. 비록 지금은 성적이 그리 좋지 않더라도 긍정적인 사고방식을 가졌다면 단언컨대 반드시 성적이 오를 것이다.

✎ 원칙 2. 당근과 채찍

보통 '당근과 채찍'은 선생님, 부모님, 혹은 누군가가 다른 사람을 가르칠 때 사용하는 전략이라고 알려져 있다. 하지만 이 원리를 혼자 공부할 때 스스로에게 적용하는 것도 효과적이다.

내가 계획한 대로 공부를 했다면 그에 대한 보상으로 하고 싶은 일 한 가지를 하자. 반대로 계획을 지키기 못했다면 스스로에게 뭔가 불이익을 주어야 한다. 예를 들어 꼭 보고 싶은 TV 드라마가 있다면 '이번 주 내내 계획을 잘 지키면 주말에 좋아하는 드라마 보기'로 스스로 약속을 하는 거다. TV나 컴퓨터, 게임 등 공부에 방해가 되는 요인들을 공부한 후의 보상물로 이용하면 공부도 하고 짜릿한 휴식을 즐길 수도 있다.

의욕에 불타 '계획대로 못하면 다음 주 드라마까지 안 볼 거야'라고 '채찍'을 무겁게 하면 오히려 부작용이 일어난다. 채찍 전략보다는 당근 전략이 훨씬 더 효과적이다. 잘했을 때 혜택을 주는 것이 못했을 때 불이익을 주는 것보다 성취도가 크기 때문이다. 당근은 크고 채찍은 작아야 한다는 점 유의하자.

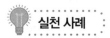

실천 사례

문제집 마지막 장에 돈 봉투를 붙여놓았어요

저는 중3이 되면서 다니던 학원을 끊고 혼자 공부했습니다. 엄마는 학원을 가야 한다고 했지만 저는 싫다고 했어요. 학원에 가도 문제집 푸는 거밖에 하지 않으니 집에서 혼자 문제집 풀겠다고요. 학원에서 푸는 문제집과 같은 것을 샀습니다. 그리고는 엄마에게 이 책을 혼자 다 공부하면 학원비를 내 용돈으로 달라고 말씀드렸어요. 엄마는 그럴 리가 있겠느냐며 승낙하셨습니다. 그 후에는 문제집 마지막 장에 학원비 25만 원이라고 쓴 돈 봉투를 붙여놓았습니다. 그리고 페이지별로 날짜를 써서 매일 풀어나갔어요. 혼자 하는 공부였지만 틀린 문제는 다시 풀고 주말에는 쪽지 시험도 보면서 학원에서 하는 공부와 똑같이 했습니다.

공부를 시작할 때는 저도 반신반의했지만 점점 진도가 나가고 반이상이 되자 정말 그 돈을 받을 수 있겠다는 생각이 들었습니다. 공부가 지겨울 때는 25만원을 받으면 뭘 할지 즐거운 상상을 했어요. 그렇게 한 달이 지나자 정말 책 한 권을 다 풀 수 있었습니다. 마지막 장을 다 풀었을 때 저는 붙어 있던 돈 봉투를 뜯어 엄마에게 내밀었습니다. 엄마는 이 돈을 정말 너에게 주게 될지 몰랐다며 봉투에 돈을 넣어주셨어요. 제가 그동안 매일 어떻게 공부했는지 다 보셨기 때문에 진심으로 격려해 주셨습니다.

책 한 권을 스스로 다 푼 것은 처음이었습니다. 25만 원이라는 거대한 당근이 없었다면 짧은 기간 동안 그런 성과를 내기는 어려웠을 거예요. 그 후에는 당근이 없어도 책 한 권 다 공부하는 것을 어렵지 않게 해냅니다. 자신의 공부에 자극이 필요하다면 무언가 마음을 사로잡을만한 당근을 하나 마련하세요. 그것에 이끌려서라도 공부에 대한 성공 경험을 해보는 것이 꼭 필요합니다.

✍ 원칙 3. 마감 효과

집중력에는 '평온한 집중력'과 '긴박한 집중력' 두 가지 종류가 있다. 늦은 밤 조용한 방에서 공부가 잘될 때 생기는 집중력은 평온한 집중력이고, 시험 기간 벼락치기를 하며 공부할 때 생기는 집중력은 긴박한 집중력이다.

특히 긴박한 집중력이 짧은 시간에 놀라운 힘을 발휘한다는 점에서 벼락치기는 많은 학생들의 사랑(?)을 받고 있다. 시험 직전에는 본인도 놀랄 만큼의 학습 효과를 내곤 하는데 이를 '마감 효과'라 한다. 시험 때만 쓰기에는 아쉬운 이 집중력을 평소 공부에도 사용할 수는 없을까?

마감 효과의 핵심은 바로 시간제한이다. 공부 계획을 세울 때 반드시 제한 시간도 함께 정하도록 하자. '지금부터 30분 동안 8문제를 풀겠다' 같은 식으로 계획을 세우면 목표 달성률이 훨씬 높아진다. 집에서 공부하는 것보다 학교에서 공부할 때 더 잘되는 이유는 규칙적으로 종이 울리면서 시간을 구분해주기 때문이다. 끝나는 시간, 시작 시간을 인식하면 구분된 시간에 따라 해야 할 공부도 구분하게 되고 작은 단위로 공부를 나누게 돼 성취도가 높다.

마감 효과를 활용하기에 딱 좋은 도구는 텔레비전이다. 좋아하는 텔레비전 프로그램이 있다면 그 프로그램이 시작되기 한 시간 전에는 꼭 공부를 시작하자. 한 시간 동안 집중해서 공부를 한 후에도 광고하는 시간, 예고편, 다시 광고, 이런 과정을 거치는 1~2분 동안에도 엄청난 집중력이 발휘된다.

✎ 원칙 4. 조건 형성

러시아의 심리학자인 파블로프 박사는 아주 흥미로운 실험을 했다. 개에게 먹이를 주기 전 종소리를 들려주는 일을 일정 기간 지속했더니 나중에는 종소리만 들어도 개가 침을 흘리더라는 거다. 이처럼 원래는 아무런 관계가 없던 두 자극(먹이, 종소리)을 일정 기간 함께 제공하면 두 자극이 하나의 자극으로 인식된다. '먹이=종소리'라는 조건이 형성됐기 때문이다.

이 원리는 불면증 환자를 치료하는 데도 유용하게 쓰인다. 흔히 불면증 환자들의 경우 침대에 누워서 잠을 자려고 애쓰는 경우가 많은데, 이것이 지속되면 결국에는 '침대'가 '잠이 들지 않는 것'과 동일시돼 오히려 불면증을 악화시킨다고 한다. 그래서 병원에서는 불면증 환자들에게 잠이 오지 않을 때는 침대에 눕지 말고, 잠이 올 때만 침대에 누우라고 조언함으로써 '침대=잠'이라는 공식이 형성되도록 유도한다.

이 신기한 내용은 공부할 때도 적용된다. '집에서는 공부가 안된다'고 투덜거리는 학생들은 대부분 하교 후 가방을 던져놓고 소파에 눕는 녀석들이다. '집=휴식'이라는 조건이 형성된 탓이다. 그렇게 되면 집에서는 긴장감도 없고 학습 효율이 떨어진다. 마찬가지로 책상에 앉아서 낙서를 하거나 스마트폰을 만지작거리는 등 다른 행동을 하게 되면 책상은 그러한 행동들과 동일시된다. 책상에 앉아서는 공부에만 집중할 수 있도록 하고, 집중이 흐트러지면 즉시 책상에서 일어나 잠시 쉬는 것이 좋다. 책상이 부정적인 학습 환경과 동일시되지 않도록 하자.

강의실에 장미 향이 나도록 하고 수업을 진행한 후 시험을 봤을 때 시험장에 장미 향을 뿌려 놓으면 그렇지 않은 경우보다 시험 결과가 더 좋게 나온다고 한다. 잠수부들을 대상으로 한 실험에서 한 무리는 해변에 있게 하고 다른 한 무리는 3미터 깊이의 물속에 있게 하고는 임의로 선정한 단어 40개를 들려주었다. 그랬더니 단어를 물속에서 들은 그룹은 물 밖에 올라와서 단어들을 기억할 때보다 오히려 물속에서 기억할 때 점수가 15퍼센트나 높았다. 반면에 해변에서 단어를 들었던 사람들은 물속에서 단어들을 기억할 때보다 해변에서 기억할 때 점수가 15퍼센트 높았다.

공부하기 전 매번 같은 음악을 듣는다면 어떨까? 음악을 듣는 동안 마음이 정돈되고 공부를 시작하기가 훨씬 편안해진다. 좋아하는 음악과 공부를 동일시해보자. 음악의 감동이 공부와 자연스럽게 연결될 것이다.

✎ 원칙 5. 양질의 휴식

휴식을 좋아하지 않는 사람은 없겠지만 누구에게나 휴식이 약이 되는 건 아니다. 휴식에도 질이 있다. 휴식은 무언가를 마친다는 의미보다 다음 단계를 준비한다는 의미가 더 커야 한다. 공부하는 사람들에게 휴식 시간은 모든 뇌의 활동을 정지하는 시간이 아니다. 지금까지 활발히 움직이던 뇌를 잠시 쉬게 하고, 무질서하게 입력됐던 정보를 뇌 스스로 정리하도록 해주는 시간이어야 한다.

공부 중에 잠깐씩 쉬는 거라면 그 시간에 다른 활동을 하는 것은 좋지 않다. 특히 게임을 한다거나 TV를 보는 건 공부의 흐름을 끊을 뿐만 아니라 애써 공부 상태로 만들어 둔 뇌를 정지시키는 것이기 때문에 더더욱 나쁘다. 그 시간에는 잠시 조용한 음악을 듣거나 산책을 하면서 뇌를 공부 상태로 유지하는 게 좋다. 잠시 앞에서 공부한 내용을 머릿속으로 정리하는 것도 좋다.

잠 때문에 공부에 집중할 수 없을 정도로 방해가 된다면 잠깐 눈을 붙이는 것도 좋다. 단, 20분을 넘지 않도록 하자. 20분 이상의 낮잠은 뇌가 밤잠으로 인식하기 때문에 피로가 풀리지 않고 자고 일어나서 금방 평상시의 활동 상태로 돌아오지 않아 다시 잠을 청하게 된다.

이밖에도 학습 효율을 높이는 방법들은 많다. 하지만 가장 좋은 방법은 스스로를 다스리는 자기만의 노하우일 거다. 우선 제시한 방법들을 따라해보자. 각자에게 맞도록 수정하며 나만의 비법을 찾아내길 바란다.

02. 전략적 과외 활용법

1, 2학년까지는 학원 다니며 적당히 공부하다가 3학년이 되면 이제 곧 고등학생이라는 생각에 마음이 바빠진다. 그래서 하게 되는 것이 과외다. 하지만 과외는 단기적인 성적 향상보다 '성적을 올릴 수 있는 힘'을 키우는데 더 관심을 둬야 한다. 나만의 공부 조언자가 생기는 것이니 질문도 많이 하고 야무지게 활용하자.

🖋 이런 경우 학원보다 과외가 낫다

학생이 아래와 같은 욕구를 가지고 있다면 과외를 하는 것이 훨씬 효과적이다.

- 나에게 맞는 공부 방법을 배우고 싶다
- 취약 과목은 학원 수업도 따라가기 어려우니 내 수준에 맞게 공부하고 싶다
- 내가 공부를 잘하고 있는지 체크해 줄 사람이 필요하다
- 일괄적으로 나가는 진도와 문제 풀이식 수업은 답답하다
- 궁금한 것을 마음껏 물어보고 깊이 생각하는 공부가 좋다
- 남과 비교하면서 공부하는 것이 스트레스 쌓인다
- 학원이나 독서실은 친구들과 놀게 돼 싫다
- 학원, 학교보다 빨리, 더 많이 내가 할 수 있는 최대한의 노력을 해보고 싶다
- 시험을 앞두고 집중적인 공부가 필요하다

✏️ 과외를 시작하기 전에 생각해야 할 것들

일단 과외를 시작하고 나면 학생과 학부모 모두 선생님만 바라본다. 초롱초롱한 눈빛으로 '잘 좀 부탁드립니다' 해버리는 것이다. 하지만 과외는 1:1로 이루어지는 수업이므로 선생님과 학생의 비중은 반반이다. 즉 학생도 선생님만큼 준비하고 생각해야 한다는 의미다. 그래야 자신에게 꼭 맞는 수업을 받을 수 있기 때문이다. 과외를 하기로 결정했다면 시작하기 전에 생각해 둬야 할 것들이 있다.

- 왜 과외를 하려고 하는가? : '학원에서 수업을 못 따라가는 것이 자존심 상해서', '한 달밖에 안 남은 시험 대비를 위해'와 같이 솔직하게 생각해봐야 한다. 이것이 분명하지 않으면 내가 원하는 학습 효과를 얻을 수 없을 뿐 아니라 불안함 때문에 과외를 그만둘 수도 없다.

- 얼마나 할 것인가? : 출발하기 전에 목적지를 먼저 정하는 것은 당연하다. 앞에서 생각했던 과외를 하려는 이유를 해소하는데 어느 정도 기간이 걸릴 지 예상해보자. 방학 동안, 3개월, 기말고사 전까지 등과 같이 정하면 된다. 예상 기간을 생각해보는 것만으로도 전략적인 학습에 대한 의욕이 생긴다.

- 선생님에게서 어떤 도움을 받기 원하는가? : 이것을 생각한 후에는 선생님께도 말씀드려야 한다. 내가 원하는 공부 방법, 특히 취약한 단원, 다른 아이들과 다르게 공부하고 싶은 욕구 등을 사전에 충분히 고려하자. 과외 선생님을 구할 때도 이 부분을 강조해야 한다.

왜 과외를 하려고 하는가?	얼마나 할 것인가?	선생님에게서 어떤 도움을 받기 원하는가?
나에게 맞는 수학 공부 방법을 알고 싶다	우선 여름방학 전까지	점차 실력이 나아질 수 있도록 쉬운 문제부터 어려운 문제까지 골라주셨으면 좋겠다

이와 같이 표를 만들어 책상에 붙여두자. 학습의 방향을 놓지 않게 해줄 뿐 아니라 막연히 과외 선생님을 의지하게 되는 부작용을 막을 수 있다.

✎ 기간을 정하고 지속 여부를 점검하자

학원이든 과외든 월세 내듯 수업료 내며 마냥 해서는 안 된다. 사교육에는 분명한 목적과 의도한 기간이 전제돼야 한다. 특히 과외는 비용이 비쌀 뿐 아니라 나에게 맞는 수업이 가능하기 때문에 더욱 전략적으로 활용해야 한다. '학원 대신 과외 하지 뭐'라며 늘 다니던 학원처럼 편하게 생각하지 말자.

과외를 시작한 후에도 주기적으로 학습 상태를 살펴야 한다. 점검을 하기에 좋은 시기는 시작하며 정해 놓은 예상 종료일이다. 점검하는 순서는 다음과 같다

- 원하는 성과를 얻은 경우 → 과외를 계속 진행할지 말지를 정한다 → 계속 진행하고자 한다면 새로운 목표를 정하고 그에 맞는 예상 기간을 정한다
- 원하는 성과를 얻지 못한 경우 → 이유를 생각해본다 → 과외를 계속 진행할지 말지를 정한다 → 계속 진행하고자 한다면 성과를 얻기 위한 대안을 생각한다(예: 목표를 하향 설정한다. 선생님과 학습 방법을 논의한다. 선생님을 바꾼다 등)

→ 목표를 정하고 그에 맞는 예상 기간을 정한다

지금 과외를 하고 있는 중이라면 지금까지의 공부를 되돌아봐야 한다. 다시 시작이라고 생각하고 과외를 하고 있는 이유와 과외가 더 필요한지 여부를 결정하자. 그 후에는 과외를 하며 이루어야 할 성과를 정하고 예상 종료일을 정한다. 예상 종료일에 원하는 결과를 얻었다면 과외를 더 지속할 이유는 없어진다. 그 이후에도 과외를 계속 한다면 새로운 성과를 이루기 위한 것이어야 한다.

✎ 과외 수첩을 적자

과외는 일정한 강의 계획이 없는 것이 보통이다. 그렇더라도 학생은 수업의 흐름을 알고 있어야 한다. 수업을 시작하기 전에 그날 배울 것을 예상해보고, 수업 후에는 배운 것을 생각해보자. 수업의 내용을 능동적으로 예측해보고, 내가 배운 것은 무엇인지 기록해보면 학습 내용에 대한 의식적인 반복이 돼 예·복습의 효과를 낸다. 작은 과외 수첩을 만들어 누적 기록을 하면 좋다.

공부한 날	오늘 배울 것	내가 배운 것
5/18	영어 시험지 틀린 문제 풀이	영영 사전 보며 어려운 단어 이해 (생각보다 할 만했다)

수업 시작 전 오늘 배울 것을 적고 수업 후에는 내가 배운 것을 적는다. 선생님이 가르쳐 준 것, 수업 진도는 의미가 없다. 내가 깨달은 것, 새롭게 배운 것, 기억에 남는 것 등 내가 배운 것이 중요하다.

✎ 나와 잘 통하는 과외 선생님

선생님과 학생이 얼굴을 맞대고 밀접한 의사소통을 할 수 있는 학습 환경에서 학생들은 선생님의 눈빛과 어투, 손놀림에서도 큰 영향을 받는다. 선생님의 칭찬 한 마디면 어려운 숙제도 끝까지 해내는 아이가 있는가 하면, 논리 정연하게 설명하시는 선생님을 오히려 지루해하는 녀석도 있다. 선생님과의 관계에서 나타나는 학생의 특징에 따라 어울리는 선생님도 다르다. 네 가지 유형으로 나눠 보면 다음과 같다.

	이 유형의 학생은	잘 통하는 선생님
관계지향형	사람 사이의 관계를 무엇보다 중요하게 생각한다. 주변에 선후배, 친구들이 많으며 그들과 소통하며 힘을 얻는다. 선생님들과도 어려움 없이 대화를 주고받는 넉살 좋은 녀석들이므로 처음 만나는 선생님과도 좋은 관계를 형성하는 데 어려움이 없다.	마음 편히 공부할 수 있도록 분위기를 개방적으로 유지하는 선생님이 좋다. 긴장감을 조성하거나 성적을 강조하는 선생님은 불편해한다. 이 학생들은 쓰기보다 말하기를 좋아하니, 테스트가 필요할 때는 쪽지 시험보다 선생님에게 설명을 하게 하는 것이 좋다.
인정갈망형	자신에게 주어진 시험공부, 과제 등의 책임을 성실히 수행한다. 선생님과 부모님 등 자신이 신뢰하는 사람들에게 사랑과 인정을 받는 것으로부터 힘을 얻고 그것에 자신의 기준을 맞추어나간다. 선생님의 말 한마디에도 민감하게 반응하기 때문에 선생님이 칭찬이나 애정을 표현하면 그것만으로도 며칠을 뿌듯해 한다.	학생의 노력을 꼼꼼히 평가하고 크게 인정하는 선생님이 좋다. 평가를 할 때 구체적인 기준이 제시된다면 그 기준의 난이도와 관계없이 완벽하게 이뤄낸다(선생님의 인정과 칭찬을 받기 위해). 선생님의 피드백에 큰 영향을 받으므로 잘못한 것을 교정하고 지도할 때는 타당한 이유를 설명해주는 선생님이 좋다.
가치추구형	자신의 목표와 관심 분야가 아니면 관심을 보이지 않는다. 정해진 공부만 해야 하는 것에 답답함을 느끼며, 자신이 추구하고자 하는 것에 집중할 수 없으면 좌절감을 느낀다. 그러나 아무리 힘들더라도 하고 싶은 것을 할 때는 모든 것을 이겨낸다.	선생님은 학생의 적성, 희망, 재능을 적극적으로 인정해줘야 한다. 공부를 시작하기 전에 이 공부가 왜 필요하며 학생에게 어떤 도움과 영향력을 줄 수 있는지를 충분히 설명해주면 답답함을 덜 느낄 것이다. 선생님이 시시하다고 느껴지면 즉시 만날 가치를 느끼지 못하기 때문에 선생님의 실력이나 가르치는 방법도 남달라야 한다. 학생이 신비로움과 존경심을 느껴 한 수 배우고자 하는 열망이 생겨야 한다.

성과추구형	'최고'를 향한 욕심을 가지고 있는 학생이다. 이를 달성하기 위해 자신을 채근하며 쉼 없이 노력한다. 대부분 성적도 좋은 편이다. 자신에게 도전하며 자유롭게 생활하는 것을 즐기지만 규범이나 위계질서에 갇히게 되면 원래의 에너지는 잃어버리고 현실에 안주해버리기도 한다.	선생님은 발전하고자 하는 학생의 욕구가 꺾이지 않도록 독려해주어야 한다. 매일 반복되는 학교생활에 젖어버릴 수 있기 때문이다. 주기적으로 평가를 해 계획을 세우고 목표를 수정하는 과정을 게을리하지 말아야 한다. 선생님은 학생이 역량을 발휘할 수 있도록 살짝 어려운 문제도 제시하는 것이 좋다. 지시받는 것을 좋아하지 않으므로, 과제를 스스로 정하게 하는 등 실천 의욕이 생기도록 해야 한다.

✎ 선생님 구할 때 유념해야 할 것들

내 친구의 성적을 올려준 선생님이라고 해서 나에게도 그렇다는 보장은 없다. 학력이나 외모보다는 과외를 하는 목적을 충분히 충족할 수 있는 선생님을 찾아야 한다.

- 수업 시간 엄수는 필수 조건이다 : 과외 선생님은 무엇보다 수업 시간을 성실하게 엄수할 수 있는 책임감이 있어야 한다. 수업료의 대가이기도 하지만 과외 선생님의 모든 행동은 학생에게도 영향을 미치기 때문이다. 선생님의 사정으로 자주 수업을 빠지거나 수업 시간을 단축하면 학생도 수업에 애정을 갖기 어렵다.

- 과외를 통해 무엇을 얻고 싶은지 구체적으로 정한다 : 선생님께만 모든 것을 맡겨두면 수업료만 빠져나갈 뿐 어떤 것도 얻지 못한다. '영어 성적을 올리고 싶다'라는 막연한 욕구보다는 '나에게 맞는 영어 단어 공부 방법을 알고 싶다', '무조건 외우는 것은 힘드니 쉬운 암기법을 배우고 싶다'와 같이 자신의 어려움을 자세하게 생각해보고 선생님께 말씀드리자. 선생님을 구할 때도 그 부분에 특히 강한 선생님을 찾는 것이 좋다.

- 수업료를 기준으로 선생님을 택하지 않는다 : 좋은 선생님과 공부하다가도 수업료가 부담되어 수업료가 싼 다른 선생님으로 바꾸려는 고민들을 한다. 하지만 신중해야 한다. 단지 '돈'이 고민이라면 선생님을 바꿀 것이 아니라 수업을 1~2개월 쉬거나 수업의 일수를 줄이는 게 낫다.

- 직접 수업을 해본 후 결정한다 : 학생들은 선생님의 실력과 인성을 모두 인정하면서도 '말을 버벅거려서 짜증난다', '지루한 설명이 길어질 때가 있다', '나는 스마트폰 끄게 하면서 선생님은 문자 보낸다', '농담도 안하고 진지하게 수업만 해서 재미없다' 등의 현실적인 불만을 내놓곤 한다. 모든 조건이 만족스럽더라도 직접 겪어보지 않으면 모르는 것이 사람이다. 선생님을 최종 결정하기 전에 직접 맛보기 수업을 해보고 선생님의 수업 스타일은 어떤지, 말이 너무 빠르거나 느리지는 않은지 등을 확인하는 것이 좋다.

03. 버리는 과목이
없어야 한다

공부를 하다 보면 화딱지가 날 때가 있다. 역사 공부를 할 때는 다 죽은 왕들 이름을 내가 왜 알아야 하는지 짜증이 나고, 영어 공부를 할 때는 외워도 외워도 끝이 없는 단어들을 보며 기가 막힌다. 수학은 또 어떤가? 뇌가 멈춰버린 듯 문제가 무슨 말인지도 모를 때가 있다. 공부하다 자존심이 상해버리는 순간은 그 과목을 때려치우고 싶은 순간이기도 하다.

"선생님, 저 수학 포기할래요."

중3 주영이는 수학에 자신이 없다. 시험을 보면 점수도 제일 낮고 수학 때문에 늘 골치가 아프다. 2학기가 되자 몇몇 친구들은 고등학교 수학책을 들고 다니기 시작하는데 자신은 1학년 수학에도 모르는 것이 많으니 한숨만 나올 뿐이었다.

"고등학교 가려면 해야 한다며?"

"수학 점수 좀 안 나와도 고등학교는 갈 수 있을 거 같아요."

"포기하는 거야 쉽지. 네가 포기했다는 좌절감만 안 갖는다면."

주영이처럼 수학 때문에 골치가 아픈 학생들이라면 '수학 공부할 시간에 다른 과목 공부하는 게 낫겠다'는 생각을 해봤을 것이다. 어차피 해도 안 오르는 과목인데 포기하고 싶은 마음이 왜 안 들겠는가? 하지만 절대 공부 앞에 욱하지 말자. 중3은 버리는 과목이 없어야 한다. 고등학교 공부는 아직 시작도 안 했고 고등학교 공부는 중학교 공부를 기반으로 하기 때문이다. 중학교 때 공부한 거야 어차피 다 까먹으니 고등학교 가서 다시 공부하게 되지만 문제는 마음이다. 마음속에 '나 이 과목 원래 못해'가 남아 있으면 고등학교 가서도 그 과목을 소홀히 한다. 즉 실력 부족이 아니라 자신감 부족으로 성적을 내지 못하는 것이다. 어떤 과목이든 포기한다는 생각은 하지 말자. 포기하고 싶을 만큼 싫고 어려운 과목이 있다면 기대를 낮추어 위기를 넘겨야 한다.

"수학을 포기하면 속이 시원할 거 같니?"

"네. 완전 날아다닐 거 같아요."

"그럼 일주일만 포기해 봐."

"일주일이요?"

"무슨 물건 살 때 일주일 동안 체험해보는 거 하잖아. 그런 것처럼 수학 포기를 일주일 동안 체험해보라는 거야."

"오호, 좋아요. 그런 건 얼마든지 할 수 있어요."

수학 포기를 '연습'해보기 위해 주영이에게 '일주일 동안 수학 공부 1분도 하지 않기'라는 특별한 숙제를 내 줬다. 인터넷 강의도 안 듣고 학교 수업 시간에는 다른 공부를 한다. 숙제는 친구꺼 베끼거나 그냥 혼난다. 수학을 포기한 사람처럼 살아보는 것이다. 과연 수학이 없는 일주일은 어떨까? 일주일이 지나 주영이를 다시 만났다.

"수학 공부 안 하니까 어때?"

"그냥 수학 공부 했어요."

"앵? 왜?"

"처음에는 수학 공부할 시간에 다른 숙제도 하고 만화책도 보고 그랬는데요, 특별히 할 거 없을 때는 그냥 수학 공부 했어요."

"수학 공부할 시간에 다른 공부하는 게 낫겠다며?"

"뭐 딱히 다른 공부도 열심히 안 했던 거 같아요."

수학 포기에 실패(?)한 주영이는 한 주 더 수학 공부를 쉬어보기로 했다. 하지만 그 다음 주에도 주영이는 수학을 완전히 내던지지는 못했다. 수업 시간에 문제를 풀라고 하면 자기도 모르게 문제를 풀었고 집에 돌아와서는 특별히 할 일도 없어서 숙제도 했다.

"주영아, 공부란 게 그런 거야. 시간을 정하고 수학 공부를 꼭 해야겠다고 생각하면 시작도 하기 전에 답답하지. 그 시간에 맞춰 수학 공부하고 싶은 마음이 생기는 것도 아니고 말이야. 그냥 지금처럼 이렇게 공부해. 포기하는 것보다 이렇게 공부하는 것이 낫지 않을까? 수학 공부를 포기하면 포기했다는 조급함 때문에 더 스트레스가 심해질 거야. 수학 공부할 시간에 다른 과목 공부하면 평균이 올라갈 것 같지? 그렇지도 않아. 지금 포기하면 고등학교 때는 어떻게 하나 걱정이 더 늘 거야. '다시 시작할까?', '다시 시작하면 어디서부터 하나?' 같은 고민이 끊이지 않는다니까."

주영이는 지금처럼 수학 공부를 포기한 척 계속 이어나가기로 했다. '포기하는 것보다 낫지'라는 생각으로 편하게 했다. 점수가 좀 덜 나오면 '포기했으면 이 점수라도 안 나왔을 거야. 장하다'라고 생각하고 꾸준히 자신이 풀 수 있는 문제들을 풀어나갔다.

학생들이 취약 과목을 포기하고 싶어 하는 이유는 그 공부를 하며 스트레스를 받기 때문이다. 스트레스를 왜 받을까? 어느 정도 해야겠다고 스스로 정해놓은 선이 있기 때문이다. 그 기대에 못 미치면 좌절해서 포기하는 것이다(이것은 영화, 드라마, 만화 등의 영향도 크다. 미련 없이 손 터는 주인공의 모습은 멋져 보이기 때문이다). 그러나 포기도 쉽지 않다. 마음에 걸리고 수학 책이 눈에 밟히는데 어떻게 수학 공부를 안 할 수 있을까? 조금이라도 하는 게 속 편하다. 내 맘 편하기 위해서라도 공부는 안 하는 것보다 하는 편이 낫다.

더 근본적으로는 내가 정해놓은 '이 정도는 해야지'라는 생각을 씻어버려야 한다. '국·영·수·과 다 같은 학원에서 배우는데 왜 수학만 유독 점수가 이 모양일까?'라든지 '언니가 중3 때는 안 이랬는데, 언니만큼은 해야 할 텐데'라는 생각이 수학을 힘들게 만드는 것이다. 그 정도 해야 한다고 법으로 정해진 것도 아닌데 스스로 정해두고(부모의 영향도 크다) 힘들어하는 것만큼 미련한 짓이 또 있을까?

포기하고 싶을 만큼 싫고 어려운 과목이 있다면 기대를 낮추자. 내가 가진 여러 가지 능력 중 유독 약한 부분이니 다른 과목을 공부할 때보다 세심하게 주의를 기울이고 크게 칭찬해야 한다. 점수와 상관없이 그 과목의 공부를 열심히 하고 있다는 안정감이 다른 과목 공부에도 힘이 된다.

고등학교에 진학한 후 주영이는 오히려 수학이 편해졌다고 한다. 수학뿐만 아니라 다른 과목도 다 함께 어려워졌으니 수학 점수가 유독 낮은 것도 아니란다. 수학은 조금씩이라도 계속 했던 것이 몸에 배어 있어 오히려 공부하기가 편한데 다른 과목은 여전히 중학교 때처럼 시험 직전 벼락치기를 하고 있으니 더 골치라나?

중학생들의 공부는 허술하기 짝이 없다. 자신만만하던 초등학교 시절을 벗어나 형편없는 성적표에 몇 대 맞고 정신 좀 차리나 싶으면 중간·기말고사 벼락치기하느라 숨넘어가고, 그러다 보면 고입이 코앞인 것이다. 중학 시절 나만의 공부 습관을 몸에 익히지 못한 학생들은 고등학교 가서도 아무 생각 없이 수능을 마주할 수밖에 없다.

모든 과목을 똑같이 잘하는 것만이 능사는 아니다. 점수를 올리는 것보다 각 과목을 대하는 태도를 정해두는 것도 꼭 익혀야 할 자기 관리 방법이다. 포기하고 싶은 과목은 어떻게 다스려야 할까?

1. 공부할 시간을 정해두되 묶이지 말자.

그 시간에 다른 공부를 해도 좋고 놀아도 좋다. 그렇더라도 '이 과목 공부 안 했는데'라는 죄책감을 가질 필요는 없다. 처음부터 이렇게 열어두면 그 과목 공부하기 싫어 일부러 숙제를 오래 하는 등의 비효율적인 공부가 없어진다.

2. 점수와 상관없이 꾸준히 하는 것이 중요하다.

꾸준히 하고 있다는 것만으로도 훌륭하다. 난이도를 높이려는 욕심보다 '내가 풀 수 있는 수준의 문제는 모두 다 푼다'라는 마음이 필요하다. 그 과목을 공부하며 마음이 편한 것이 최고다.

3. 다른 과목과 비교하지 않는다.

학생들이 가장 싫어하는 것은 비교당하는 것이다. 그러면서 자신은 성적표를 보고 과목끼리 점수를 비교하며 '평균을 다 깎아 먹네, 지난번보다 떨어졌네'라고 한탄한다. 각 과목은 하나하나 달리 대해야 하는 인격체와 같다. 한꺼번에 공부하고 같은 잣대로 비교하지 말자. 비교는 우리가 제일 싫어하는 '짓' 아닌가? 모든 과목을 다르게 공부하고 다른 기준으로 평가하자.

04. 유형별 학습법

　우리는 저마다 다른 성격과 행동 유형을 가지고 살아간다. 그래서 어떤 친구는 범생이고 어떤 친구는 덜렁이라고 특징을 말할 수 있는 것이다. 원래 성격이 범생이 같은 애들은 별로 혼나지도 않고 숙제도 잘해온다. 반대로 친구가 많고 넉살 좋은 애들은 독서실도 꼭 우르르 친구들이랑 같이 가야 마음이 편하다. 그러니 시끄럽다고 혼날 일도 많을 수밖에 없다. 덜렁이에게 꼼꼼한 노트 정리를 강요한다면 공부하기가 얼마나 힘들까? 하지만 꼼꼼쟁이들은 노트 정리를 해야 공부한 것 같은 개운함을 느낀다. 보통 학생들은 갑자기 많은 숙제가 쏟아진다면 엄청난 스트레스를 받겠지만 어떤 아이들은 산더미 같은 숙제를 해치우며 몰입의 쾌감을 즐길 것이다. 이렇듯 성격의 차이는 행동의 차이를 만들고 학교생활과 공부하는 모습에도 영향을 준다. 당연히 각자의 성격 유형에 따라 잘 맞는 공부 방법도 있기 마련이다.

각자 타고난 기질, 성장하면서 갖게된 행동 유형이 다름에도 불구하고 우리가 어린이집 때부터 익숙해져 온 집단 교육은 범생이 스타일들이 칭찬받기에 유리한 구조다. 사춘기가 지나고 내 공부를 해야 할 때가 되면 나에게 맞는 공부를 해야 편하다. 누군가에게 노트는 꼭 필요하지만 다른 이에게는 시간 낭비가 될 수도 있고, 친구와 함께 경쟁하듯 공부를 하면 더욱 힘이 나는 아이가 있는가 하면 혼자 조용히 공부를 해야 편한 아이도 있으니 말이다.

심리 교육 전문가 김만권 교수는 규범, 행동, 탐구, 이상 네 가지를 기본적 특징으로 두고 열 가지 성격 유형별 맞춤 공부법을 연구했다. 나는 어느 유형에 해당될까? 나를 가장 강하게 만드는 공부법을 생각해보자.

앞의 네 가지 기본 특징을 잘 읽어보고 자신이 어떤 유형에 가까운지 감을 잡자. 그 다음에는 열 가지 유형 중 가장 자신과 비슷하다고 생각하는 내용부터 보면 된다.

1	예측불허 럭비공 같은 행동형	1군 (기본형)
2	철두철미한 꼼꼼쟁이 규범형	
3	호기심투성이 탐구형	
4	상상력이 풍부한 이상형	
5	대쪽 같은 행동규범형	2군 (조합형)
6	고집불통 황소고집 행동탐구형	
7	재치 만점 말썽쟁이 행동이상형	
8	과묵한 완벽주의 규범탐구형	
9	인정 많은 외유내강 규범이상형	
10	개성으로 똘똘 뭉친 탐구이상형	
11	속전속결 행동규범탐구형	
12	인기 만점 모범생 행동규범이상형	
13	다재다능 멀티형 행동탐구이상형	
14	부드러운 카리스마 규범탐구이상형	

✎ 1군 : 기본 4가지 유형

① 예측불허 럭비공 같은 행동형

■ 행동형의 특징

행동형은 활동하기를 좋아하며 직접 체험해서 학습하는 것을 선호한다. 경쟁적이고 모험적이며, 여러 시도를 통해 성장한다. 관습이나 규칙에 얽매이기를 매우 싫어하는 경향이 있고, 지시나 통제를 받으면 반발하거나 적당히 넘어가려고 한다. 어렸을 때 '말썽꾸러기'라는 어른들의 잔소리를 늘 달고 다니기도 한다.

이들은 미래를 위해 '대비' 혹은 '준비'한다는 생각보다는 '현재를 즐기는 스타일'이다. 매일 매일 판에 박은 듯한 일과에 쉽게 싫증을 느끼며 변화와 자극을 선호한다. 남을 웃기거나 즐겁게 하는 능력이 뛰어나며 수업 시간에 장난을 많이 치거나 엉뚱한 행동으로 소란을 피우는 경향이 있다. 행동이 즉흥적이고 자율적이기 때문에 비조직적이거나 비규범적으로 보일 수 있다. 음악, 연극, 미술, 공예, 기계학, 건축 등이나 그 밖의 활동적인 과목들을 선호한다.

■ 행동형의 학습 전략

• 긴 시간 앉아있는 공부는 효율이 떨어지므로 목표 분량, 종료 시간을 정해놓고 집중적으로 공부한다.

• 숙제를 마치거나 혹은 성적이 향상됐을 때 스스로에게 충분한 보상을 해주는 것이 좋으나 반드시 맡은 과업이 끝난 후에 해야 한다.

• 기본적인 학업을 너무 등한시하다 보면 학업에 흥미를 잃어 포기할 수 있으므로 최소한 주요 과목에 대한 공부는 반드시 해둬야 한다.

② 철두철미한 꼼꼼쟁이 규범형

■ 규범형의 특징

규범형은 모범적인 행동으로 부모나 교사로부터 칭찬이나 인정을 받기 원한다. 따라서 공부에 대한 진정한 가치보다는 부모나 교사의 공부하라는 지시가 공부를 해야 하는 충분한 이유가될 수 있다. 성실하고 책임감이 강하며 부모나 교사로부터 받은지시를 어기는 경우는 거의 없다. 교사와 학생이라는 상하 관계가 뚜렷한 학급 분위기를 선호하고 이러한 학급에 더 잘 적응한다. 규범형 학생들은 새로운 개념을 배울 때 순서대로 차근차근익히는 것을 선호하며 문제집 풀기, 반복, 연습, 암송, 응용의실례를 곁들인 전통적인 강의식 수업을 선호한다. 계산, 낭독,철자법 등과 같은 기계적인 기술을 연습하는 것을 즐기며 과학의 사실적 측면, 지리, 역사, 경영학이나 회계학, 교직 등의 업무 분야에서 두각을 나타낸다.

■ 규범형의 학습 전략

- 완벽하게 모든 것을 처리하려는 성향 때문에 스트레스를 많이 받는다. 계획이 어긋나거나 노트 정리가 말끔하지 못하더라도 분노하지 말자. 못한 것보다 잘한 것에 초점을 두는 자기 관리가 필요하다.

- 공부 시작 전 10분 정도는 무엇을 공부할지 구체적으로 정하는데 쓰자. 공부에 대한 안정감과 자신감이 생겨야 흔들림 없이 집중할 수 있다.

- 주어진 내용을 습득하는 데 강하다 보니 수동적인 공부만하게 될 위험이 있다. 가르치는 사람의 관점을 가지고 공부

하자. 공부한 내용을 설명하거나 예상문제를 출제하는 식의 공부가 도움이 된다.

③ 호기심투성이 탐구형

■ 탐구형의 특징

지식 탐구에 대한 욕구가 매우 강하고 늘 지적 호기심으로 가득 차 있다. 무엇이든 이해하고 설명하고 예언하고자 하는 욕구가 넘쳐서 규칙과 원리들을 많이 알려고 하는 경향이 강하다. 풀지 못하는 문제가 있으면 참지 못하고 그 문제를 해결할 때까지 몰두한다. 자기 관심만 추구하고 이해하고자 하는 욕구가 강해 때로는 아무리 중요한 과목일지라도 관심 없는 과목은 소홀히 해 안 좋은 점수를 받기도 한다. 탐구형 학생들은 사교적이지 못해 외톨이로 지내는 경우가 많다. 자신의 감정을 잘 드러내지 않을 뿐 아니라 다른 사람의 감정을 제대로 알아채지 못해 종종 본의 아니게 남의 기분을 상하게 할 때도 있다. 이들은 토론 방식의 수업을 선호하며 인문·사회나 어문학 계열의 과목보다는 컴퓨터나 기초과학과 같은 비교적 추상적인 과목을 선호한다.

■ 탐구형의 학습 전략

• 스스로 판단해서 과제와 학과 공부를 하는 경향이 있기 때문에 과목별 성적의 편차가 클 수 있다. 그러므로 관심을 두

지 않는 과목에도 흥미를 가지려는 노력이 필요하다.

- 단순 암기를 매우 싫어한다. 암기할 내용이 있을 때는 왜 이러한 암기 자료가 나오게 됐는지 나름대로 논리적인 체계를 만들어보자.
- 학습 의욕이 강한 친구들과 스터디그룹을 만들면 좋다. 부족한 사교성을 보완할 수 있을 뿐 아니라 깊이 있는 공부를 할 수 있다.

④ 상상력이 풍부한 이상형

■ 이상형의 특징

자신을 이해하고자 하는 강한 욕구가 있고 '훌륭한 사람'뿐 아니라 진정한 '자기 자신'을 찾기 원한다. 인격적인 관계 형성을 중시하며 비경쟁적이고 조화로운 관계를 선호한다. 평화롭고 아름다운 세상을 꿈꾸기 때문에 경쟁이나 갈등이 일어나는 상황에 민감하게 반응한다. 이상형 학생들은 민주적이고 인간적인 학급 분위기를 선호하며 두터운 신뢰 속에서 감정을 잘 이해받을 때 더 성장한다. 선생님이 자기 이름을 외우고, 자신을 이해하고, 인정해줄 때 더 큰 기쁨을 느낀다. 또한 이들은 전통적인 강의식 수업보다는 토론이나 역할 놀이, 연극 공연 및 소설 등을 통해서 보다 잘 학습한다. 일대일의 대화나 소수가 모여서 하는 학습 방식을 선호하며 과학이나 경영학 같은 비교적 추상적인 과목보다는 인간에 초점을 맞추는 과목을 선호한다.

■ 이상형의 학습 전략

• 자신을 알아주고 인정해주는 선생님, 동료가 있어야 공부하기 편안하다. 기계적으로 공부하는 대형 학원보다는 그룹 과외나 소규모 학원이 좋다.

• 마음이 안정돼야 공부도 잘된다. 공부 시작 전 10분 정도 명상이나 기도, 명언 읽기 등으로 공부 준비를 하자.

• 친구와 싸우거나 부모님께 혼나는 등 갈등이 생기면 거기에 사로잡혀 공부에 집중하기가 어렵다. 감정에 따라 그날의 공부가 휘청이지 않도록 매일 규칙적으로 공부하는 습관을 지키자.

✎ 2군 : 조합 10가지 유형

⑤ 대쪽 같은 행동규범형

■ 행동규범형의 특징

행동규범형은 영화에 나오는 '강직한 검사'를 떠올리면 된다. 활동적인 데다 정의감이 투철하고 의협심이 강하며 현실적이고 체계적이기 때문에 조직체 내에서 맡겨진 일을 기획하고 추진하는 능력이 뛰어나며 리더십이 있다. 친구들끼리 싸움이 붙으면 자신이 나서서 시시비비를 가려야 분이 풀리며 괜히 끼어들어서 같이 혼나기도 한다.

분명하고 구체적인 규칙을 중요시하고 그에 따라 행동하고 일을 추진하지만 추상적인 아이디어나 개념에 대해서 추론하거나 토의하는 것은 따분해하기도 한다. 결과가 분명히 예측되는 일을 좋아하며 자신의 주장이 강하기 때문에 타인의 말을 경청하려는 노력이 필요하다.

■ 행동규범형의 학습 전략

- 자기주장이 강하기 때문에 잘못된 방법으로 공부하면서도 다른 사람의 조언을 잘 듣지 않는 경우가 많다. 추진력 있는 공부는 좋지만 성적이 나오지 않는다면 무엇이 잘못됐는지 즉시 점검하자.
- 진도 욕심, 빨리 하려는 욕심에 공부의 질이 떨어질 수 있다. 공부의 완성도는 그 내용으로 수업을 할 수 있을 만큼 높아야 한다. 어떤 내용이든 공부를 한 후에는 막힘없이 설명할 수 있는지 확인하자.
- 학원, 과외를 할 때는 선생님 선택에 주의를 기울이자. 다소 강압적이더라도 노련하게 학생들을 잘 휘어잡는 선생님을 만나야 흐트러짐 없이 공부할 수 있다.

⑥ 고집불통 황소고집 행동탐구형

■ 행동탐구형의 특징

행동탐구형은 '고독한 탐정'의 느낌이다. 활동적이고 특정 주제를 깊이 있게 탐구하는 것을 좋아한다. 사고가 독창적이고 독립적이며 자기주장이 강해 결정을 신속, 과감하게 내리기 때문에 독선적으로 보일 때도 있다. 종종 일상적이거나 세부적인 일을 경시하고 간과하는 경우가 있는데 이런 스타일의 자녀가 규범적 성향이 강한 부모님과 함께 산다면 갈등이 정말 많다. 행동탐구형은 스스로 생각하기에 잘못됐다고 판단되는 것에 대해서는 어떠한 일이 있어도 타협하거나 물러서지 않는 고집을 가지고 있다.

■ 행동탐구형의 학습 전략

- 남에게 지는 것을 무척 싫어하기 때문에 경쟁심을 공부에 활용하면 아주 좋다. 자신보다 실력이 조금 높은 친구를 목표로 삼고 하나씩 이겨나가거나 실력이 비슷한 친구와 점수 내기 시합을 하는 것도 효과적이다.
- 골똘히 연구하고 진리를 추구하는 경향이 있어 공부는 혼자 하는 게 편하다. 공부할 때는 독서실보다 집에서 인터넷, 참고서 등 궁금한 것을 즉시 찾아보며 폭넓게 공부하자.
- 학교 공부가 답답하게 여겨질 수 있다. 교육 제도를 비판하거나 학교 규칙을 거부하는 등 부정적인 면을 크게 보이며 우수한 성적을 내면서도 자퇴를 하는 경우가 있다. 현실적으로 필요한 공부를 우선적으로 하고 그 안에서 자신을 발전시키자. 어떤 상황에서도 긍정적인 면을 먼저 보는 훈련은 행동탐구형을 더욱 탁월하게 만든다.

⑦ 재치만점 말썽쟁이 행동이상형

■ 행동이상형의 특징

행동이상형은 활동적이고 재치가 있어 사교성이 뛰어나고 주변에 많은 친구들이 있다. 사람들을 접하는 일에 능숙하고 사람이나 사물을 다루는 실용적인 상식이 풍부하기 때문에 사회적인 문제 해결 능력이 매우 뛰어나다. 이론이나 책을 통해 배우기보다 실생활 속에서 체험, 경험을 통해 배우는 것을 선호한다. 행동이 즉흥적이며 일상적으로 반복되는 일을 매우 싫어한다. 틀에 갇히거나 속박돼 있으면 견디지 못하며 자신의 능력만큼 실력을 발휘하지 못한다.

■ 행동이상형의 학습 전략

• 순간적인 두뇌 회전이나 이해력은 매우 좋지만 논리적이고 분석적인 사고력을 육성할 필요가 있다. 매일 30분 이상 집중해서 수학 공부를 하자. 수학 성적이 오르는 것은 물론 정확하게 사고하는 습관이 생길 것이다.

• 공부 시간과 여가 활동 시간을 잘 조절하자. 일을 시작하기 전에 전체적인 계획을 세워야 한다. 시간 단위를 길게 하면 지루함이 느껴질 테니 짧게 짧게 다양한 것들을 할 수 있도록 계획을 세워서 하루를 바쁘게 보내자.

• 시작한 일을 끝내기도 전에 다른 일을 벌일 가능성이 높기 때문에 마무리에 신경을 많이 써야 한다. '여기까지 다 외

우면 라면 먹기!'와 같이 선물을 걸어두고 공부하자.

⑧ 과묵한 완벽주의 규범탐구형

■ 규범탐구형의 특징

예의 바르고 지적 호기심이 강하며 어떤 현상의 원리나 법칙을 이해하기를 좋아한다. 신뢰감을 주고 책임감이 강하며 맡은 일에 최선을 다한다. 주어진 일은 계획적이고 체계적으로 완벽하게 처리한다. 밤늦게 피아노를 쳐서 남에게 피해를 주는 등의 행위는 절대 하지 않는다. 스스로 완벽함을 추구하다 보니 어리숙한 사람이나 교양 없는 사람을 보면 매우 답답해한다. 겉으로 드러나게 남들을 비난하거나 비판하지 않지만 속으로는 자기 주관이 뚜렷하고 옳고 그름에 대한 판단을 매우 정확하게 한다. 내가 쓰지도 않은 데이터 통화료가 스마트폰 요금 명세서에 100원이라도 더 붙는다면 고객 상담실에 분명히 따져서 받아낸다. 교통사고가 난 자리에서도 절대 흥분하지 않으며 끝까지 침착하게 자신의 입장을 전달해 내 말이 맞다는 것을 입증하고 만다. 자신의 감정을 잘 드러내지 않기 때문에 베일에 가려져 있는 듯한 느낌이다. 따라서 대인 관계의 폭은 그렇게 넓지 않고 한두 명과 깊게 사귀는 편이다.

■ 규범탐구형의 학습 전략

• 지나치게 세부적이고 현실적인 것을 중시하기 때문에 장기

적인 안목이 부족할 수 있다. 성실히 노력하는 것은 좋으나 이 공부가 왜 필요하고 어떤 방향으로 가야 하는지 모른 채 열심히만 하게 될 수 있으니 주의하자.

- 무언가 역할을 맡으면 지나치게 책임을 지고 나서며 필요 이상으로 일을 심각하게 다루는 경향이 있다. 반장, 동아리 대표 등을 맡으면 완벽하게 모든 일을 처리하고 싶어 하기 때문에 혼란에 빠지기도 한다. 모든 원인을 나에게 돌려서 '나는 왜 이것밖에 안 될까?', '다 잘하고 싶은데' 같은 고민들로 스트레스를 받는다. 자신을 너그럽게 대하는 태도가 필요하다.

- 규칙을 세우고 정확히 지키는 것에 능하므로 그것을 공부에도 활용해야 한다. 아침 공부나 쉬는 시간 복습 노트 쓰기 등 부지런한 실천이 필요한 공부에도 성공 확률이 높다.

⑨ 인정 많은 외유내강 규범이상형

■ 규범이상형의 특징

차분하며 마음이 따뜻하고 온화하다. 공손하고 예의가 바르며 윗사람들에게 순종적이다. 모든 행동이 모범이 돼 어려서부터 '착한 애'라는 이미지를 달고 다닌다. 주변 사람들로부터 칭찬받고 인정받기를 좋아하기 때문에 이것이 충족되지 않을 때 상처를 받기 쉽다. 친구들에게 화를 내거나 심한 말을 하는 일은 절대 없지만 그 스트레스를 집에서 식구들에게 풀기도 한다.

형제, 부모님과 사소한 다툼이 있긴 하지만 불화를 만들지는 않는다. 성실하고 맡은 바 책임을 다하며 헌신적이고 봉사 정신이 강하다. 조화롭고 평화로우며 협력적인 따뜻한 분위기 속에서 능력을 더 잘 발휘한다. 세부적인 사항과 절차를 꼼꼼히 따져 수행하며 치밀성과 반복을 요하는 일을 끝까지 해나가는 인내력이 높다.

■ 규범이상형의 학습 전략

• 일대다의 관계가 필연적인 학교와 학원에서는 지식의 전달에 애정이나 관심이 실릴 수 없어 늘 아쉽다. 내 마음을 이해해주고 장단을 맞춰줄 수 있는 과외 선생님과 공부한다면 제 실력을 발휘할 수 있다. 칭찬과 격려를 아끼지 않는 나만의 선생님이 있다면 힘이 솟아서 '선생님을 위해서라도' 성적이 오른다.

• 공부 계획을 세워뒀다가도 같이 놀자는 친구의 유혹을 거절하지 못한다. 기분 나쁘지 않게 거절하는 노하우를 익히는 것이 필수적이다.

• 앞에 나서지 않는 성격 탓에 실제보다 낮게 평가되기 쉽다. 평소에는 조용하더라도 수행평가나 발표를 할 때는 뻔뻔해지자.

⑩ 개성으로 똘똘 뭉친 탐구이상형

■ 탐구이상형의 특징

탐구이상형은 깊은 산속에 있는 아주 특이한 나무 한 그루에 비유할 수 있다. 신비로움 때문에 주변에 사람들이 모여들지만 본인은 귀찮고 혼자 있는 것이 편하다. 개성과 지적 호기심이 강하고 자신이 관심을 갖는 일에만 몰두하는 성향이 있으며 겉으로 나타나지는 않는 강한 경쟁심을 가지고 있다. 마음은 따뜻하고 온정적이며 부드러운 편이나 이를 표현하는데 익숙하지 않고 잘 표현하지 않기 때문에 아주 친한 사람 외에는 이런 마음을 잘 알지 못한다. 매우 분석적이고 논리적이며 객관적 비평을 잘한다. 이해가 빠르고 높은 직관력으로 통찰하는 재능과 지적 호기심이 많다. 사람을 사귈 때는 소수의 사람과 깊은 관계를 유지한다.

■ 탐구이상형의 학습 전략

• 무언가 관심거리가 생기면 방대하고 추상적인 공상 속에 끝없이 빠지기도 한다. 생각하는 즐거움을 주기도 하지만 공부에 방해가 되지 않도록 주의하자. 생각 수첩을 하나 만들어 무언가 생각거리가 생기면 적어뒀다가 공부를 마친 후 따로 생각하자. 매일 한 시간 정도 산책 시간을 정해놓고 걸으면서 생각에 빠지면 아주 좋다.

• '내가 하고 싶은 걸 하면서 살면 되지 왜 대학에 가야 하나?'

라는 생각에 부모님과 갈등이 벌어지기도 한다. 일관성 없이 흥미를 따라가는 몰두는 어떤 성과도 낼 수 없다는 점을 유념해야 한다. 내가 하고 싶은 것을 더욱 깊게 연구하기 위해, 체계적인 몰입을 위해 대학에 가야 함을 이해하자.

• 좋아하는 과목만 공부하려는 경향이 있어 과목 간 점수 편차가 크게 난다. 성적이 잘 나오는 과목을 공부할 때 사용하는 방법을 취약 과목에도 그대로 적용하자. 기본적인 사고력이 좋은 학생들이므로 공부를 하면 생각보다 성적이 많이 오른다.

⑪ 속전속결 행동규범탐구형

■ 행동규범탐구형의 특징

아주 강한 카리스마가 넘치며 자존심도 엄청나다. 목표 지향적이고 논리적이며 분석적이다. 뭐든지 스스로 알아서 하는 성향이 강하기 때문에 간섭받는 것을 매우 싫어한다. 매사에 사전 준비를 철저히 하며 계획적이고 체계적으로 완벽하게 수행한다. 직관력과 현실적인 감각을 동시에 지니고 있어 상황 파악 능력이 뛰어나고 집단을 이끌어나가는데 탁월한 재능을 가지고 있다. 사소한 것에 연연하지 않고 과감하며 맺고 끊는 것이 분명하기 때문에 독선적이라는 평가를 받을 수 있다.

■ 행동규범탐구형의 학습 전략

- 엘리트 코스를 밟아나갈 것을 권한다. 그렇지 않으면 자존심이 상하기 때문이다. 성적별로 반을 나눈다면 가장 잘하는 반에 들어가고 고등학교든 대학교든 최고의 학교에 가자. 그만한 저력이 있는 성격이다. '못해', '내가 할 수 있을까?' 같은 생각은 처음부터 하지 말아야 한다.

- 상황 파악이 뛰어나지만 속단하는 경향이 있으므로 모든 측면을 고려할 필요가 있다. 진학 목표가 있다고 해서 그 학교 전형에 맞는 과목만 공부하는 것은 금물이다. 융통성은 나와의 타협도, 시간 낭비도 아님을 분명히 알아야 한다.

- 성과를 중시하다 보니 자신의 실수를 인정하지 못하는 경향이 있다. 성적이 떨어지거나 슬럼프에 빠지는 것 또한 노력의 한 과정으로 받아들여야 한다. 최선을 다하는 것도 필요하지만 무조건 몰아붙이지 말고 자신의 감정과 가치를 충분히 고려하자. 스스로를 위로할 줄 알아야 지치지 않는다.

⑫ 인기 만점 모범생 행동규범이상형

■ 행동규범이상형의 특징

활발하면서도 예의바르고 공손해서 선생님이나 친구들 모두에게 인기가 좋다. 사람들과 어울리기를 좋아하고 학급이나 조직을 이끌어나가는 타고난 리더십을 가졌다. 따라서 학급에서 반장과 같은 책임감 있는 역할을 할수록 능력을 더욱더 발휘한다. 모든 일을 자신감 있게 추진하며 자기주장도 강하게 나타낸다. 규칙을 중요시하며 그에 따라 행동하고 일을 추진하기 때문에 질서가 없는 조직이나 실용성이 없는 분야에는 큰 흥미를 보이지 않는다.

■ 행동규범이상형의 학습 전략

• 이 유형의 기본 욕구는 '명예'다. 공부를 잘하는 것도 다른 사람들이 인정할 만한 성과를 내기 원하기 때문이다. 남들이 보기에는 부족함이 없어 보이지만 스스로는 공허할 수도 있다. 내가 진정 원하는 것은 무엇인지, 무엇 때문에 공부하는지 숙고하는 시간을 갖자.

• 어느 곳에서든 잘 섞이고 자신이 필요한 것을 습득하기 때문에 특히 잘 맞는 학습 방법은 없다. 그러나 시기나 취약점에 따라 학습의 방법을 달리할 필요는 있다. 성적에 대한 긴장감을 늘 유지하면서 성적의 하락 폭이 크지 않도록 주의하자.

• 친구들과 함께 공부하면 혼자 공부하는 것보다 더 큰 힘을 발휘한다. 꼭 실력이 비슷한 친구일 필요는 없다. 모르는 것은 잘하는 친구에게 물어보며 배우고 부족한 친구들에게는 가르쳐주면서 실력을 더욱 다질 수 있다.

⑬ 다재다능 멀티형 행동탐구이상형

■ **행동탐구이상형의 특징**

행동탐구이상형은 진리를 향해 변화와 혁신을 추구하는 열정의 소유자들이다. 창의력이 풍부하고 항상 새로운 가능성에 대한 시도와 모험을 즐기는 성향이 강하다. 자신감이 넘치며 민첩하고 다재다능해서 복잡한 문제 해결에 뛰어나며 늘 새로운 것을 꿈꾸기 때문에 한 가지 일을 완수하기 전에 새로운 일에 뛰어드는 경향이 있다. 그래서 누군가가 중심을 잡아주지 않으면 파란만장한 삶을 살아갈 수도 있다. 구속되거나 속박당하는 것을 매우 싫어하고 공부보다는 자신이 관심을 갖는 일에 전념하는 경향이 있다.

■ **행동탐구이상형의 학습 전략**

• 덜렁대는 편이라 아는 문제도 틀리는 등 사소한 실수가 있을 수 있다. 실수한 문제만 다 맞춰도 평균이 쑥 오른다는 점을 상기하자. 정확하고 민감하게 사소한 부분까지 완벽히 할 수 있도록 해야 한다.

• 평소 공부에 약한 유형이다. 벼락치기로 성적을 유지할 수는 있겠으나 공부의 기복이 크면 실력을 쌓을 수 없다. 매일 조금이라도 공부하도록 하자. 특히 독서는 창의력의 엔진이므로 손에서 책을 놓지 않도록 해야 한다.

• 자신을 과도하게 확장시켜 무리한 계획을 세우는 일이 많

다. 계획을 세우되 반드시 해야 할 것, 해두면 좋을 것 등으로 우선순위를 함께 표시해두자. 계획을 다 지키지 못하더라도 중요한 것 몇 가지는 건질 수 있어야 한다.

⑭ 부드러운 카리스마 규범탐구이상형

■ 규범탐구이상형의 특징

규범탐구이상형은 멋과 예의, 지식을 겸비한 신사임당과 같은 이미지다. 도도함과 우아함을 추구하며 옷을 고르거나 마음에 드는 인테리어 사진을 볼 때도 세련되고 깔끔한 디자인을 선호한다. 차분하고 책임감이 강하며 모든 일을 완벽하게 하려는 성향이 있다. 겉으로는 약해 보이나 내적으로는 매우 강한 신념을 가지고 있다. 직관력이 뛰어나고 창의력, 통찰력이 우수하다. 잘 드러내진 않지만 독창적이고 개성이 강하며 복잡한 문제를 다루기를 은근히 좋아한다. 생활 속에 확고한 신념과 뚜렷한 원리 원칙을 가지고 있고 강한 현실 감각으로 실질적이고 현실성 있게 조직적으로 일을 처리한다. 세부적인 상황에 대해 정확하게 기억하고 이러한 정보를 잘 활용한다.

■ 규범탐구이상형의 학습 전략

• 미리미리 준비해 체계적으로 공부를 해두는 것이 안정적이며 벼락치기는 금물이다. 효과가 나지 않을 뿐 아니라 스트레스를 견디지 못한다.

- 직관력이 뛰어나고 장기적인 안목을 가지고 있어 수업에 대한 이해도가 매우 높다. 학교 수업이 부족하다고 생각된다면 인터넷 강의를 활용하자. 수업 자료가 좋은 강사보다는 강의 기술이 좋은 강사를 택하는 것이 낫다. 강의를 들을 땐 필요한 부분만 골라 듣는 방법이 효율적이다.
- 자신에 대한 기대가 높기 때문에 실망도 크다. 기대를 낮추는 것보다 노력을 더 하는 것이 현명하다. 매일 현실적이고 구체적인 방안을 생각하고 부지런히 실천하자. 도도함과 우아함은 가만히 앉아서 지켜지는 것이 아님을 체득해야 한다.

고등학교
공부 엿보기

01. 대학수학능력시험 알아보기

대학수학능력시험은 대학 교육에 필요한 학습 능력이 있는지 평가하는 시험이다. 그 점수에 따라 대학 입시 결과가 달라지기 때문에 현실적으로는 초·중·고 12년 학교 공부의 종착지로 여겨지는 것이다.

고등학교 공부는 대학 입시를 위해 맞춰져 있다. 수능 시험을 대비하기 위해 수업 시간에도 EBS 교재를 풀 정도니까 말이다. 그러니 예비 고등학생이라면 수능이 무엇인지에 대해 기본적인 것은 알고 있어야 하지 않을까? 먼 얘기인 줄만 알았던 수능이 이제 내 앞에 와 있다. 말로만 들었던 수능에 대해 알아보자(한국교육과정평가원 〈2016학년도 대학수학능력시험 시행기본계획〉을 기준으로 함).

✎ 시험 일시 및 장소

대학수학능력시험은 보통 11월 둘째 주 수요일이나 목요일에 치른다. 시험 장소는 중 · 고등학교가 일반적이다. 중학교 때 교실이 수능 고사장으로 지정돼 줄을 맞추고 책상 서랍을 비우는 등 시험 준비를 했던 경험이 있을 것이다. 어느 학교로 가서 시험을 치를지는 수험 번호에 따라 다르며 내가 선택할 수 없다. 내가 다녔던 중학교나 집 앞 고등학교 등 잘 아는 곳일 수도 있지만 한 번도 가보지 않은 학교가 될 수도 있기 때문에 전날 미리 가봐야 한다.

✎ 시험 시간 및 영역별 문항 수

시험 당일 모든 수험생은 오전 8시 10분까지 입실 완료해야 한다. 이를 위해 수능 날은 출근 시간을 늦추는 등 전 국가적인 협조가 이루어진다.

시험 시간이 길다는 것을 눈여겨봐야 한다. 1교시 국어가 80분, 2교시 수학이 100분, 3교시 영어는 70분이다. 한 시간 넘게 집중하며 문제를 푼다는 것은 대단한 노동이다. 시험이 끝나고 고개를 들면 초점이 맞지 않아 앞이 잘 안 보이는 현상이 나타나기도 한다. 평소에도 시험과 동일한 긴장감으로 공부하는 훈련이 필요하다.

영어는 듣기평가가 있다. 수능임에도 불구하고 긴장과 피로, 점심식사 후의 노곤함 때문에 조는 학생들이 있다. 70분 중 25분이 듣기평가로 지나가기 때문에 나머지 문제를 풀 때는 시간 안배를 잘해야 한다.

점심을 먹고 나면 탐구 과목이다. 사회탐구, 과학탐구, 직업탐구 중 하나를 택해서 보게 되는데 주로 인문계 학생들은 사회탐구나 과학탐구 중 하나를 택해 시험을 치르고 전문계 학생들은 직업탐구 시험을 치른다.

마지막 제2외국어는 보는 사람도 있고 안 보는 사람도 있다. 제2외국어를 안 보는 학생들은 탐구 과목까지만 시험을 보고 집으로 온다. 왜 누군 보고 누구는 안 볼까? 목표하는 대학이 다르기 때문이다. 지원하고자 하는 대학이나 학과에서 제2외국어나 한문 시험 점수에 가산점을 준다면 응시해야 하는 것이다.

예를 들어 일본어과에 지원하고 싶은 사람은 제2외국어에서 일본어를 선택해 응시하는 것이 유리하다. 보통 사회·과학탐구는 2과목을 선택하는데 탐구 과목 하나를 제2외국어로 대체할 수 있도록 하는 대학들이 많기 때문에 탐구 과목에 자신이 없는 학생들은 제2외국어를 보기도 한다.

시험 시간 및 영역별 문항 수

교시	시험 영역	시험 시간 (소요 시간)	문항 수	비고
	수험생 입실 완료 − 08 : 10까지			
1	국어	08 : 40 ∼ 10 : 00 (80분)	45	
	휴식 − 10 : 00 ∼ 10 : 20 (20분)			
2	수학	10 : 30 ∼ 12 : 10 (100분)	30	• 단답형 30% 포함
	중식 − 12 : 10 ∼ 13 : 00 (50분)			
3	영어	13 : 10 ∼ 14 : 20 (70분)	45	• 듣기평가 문항 17개 포함 −13:10부터 25분 이내
	휴식 − 14 : 20 ∼ 14 : 40 (20분)			
4	사회 · 과학탐구	14 : 50 ∼ 15 : 52 (62분)		• 선택과목 응시 순서는 응시 원서에 명기된 탐구 영역별 과목의 순서에 따라야 함 • 문제지 회수 시간은 과목당 2분임
	시험 : 2과목 선택	14 : 50 ∼ 15 : 20 (30분)	20	
	시험 본 과목 문제지 회수	15 : 20 ∼ 15 : 22 (2분)		
	시험 : 1∼2과목 선택	15 : 22 ∼ 15 : 52 (30분)	20	
	직업탐구	14 : 50 ∼ 15 : 52 (62분)		
	시험 : 시험 과목의 출제 범위 과목①	14 : 50 ∼ 15 : 20 (30분)	20	
	시험 본 과목 문제지 회수	15 : 20 ∼ 15 : 22 (2분)		
	시험 : 시험 과목의 출제 범위 과목②	15 : 22 ∼ 15 : 52 (30분)	20	

		휴식 – 15 : 52 ~ 16 : 10 (18분)			
5	제2외국어/한문	16 : 20 ~ 17 : 00 (40분)	30	• 듣기평가는 실시하지 않음

✎ 출제 원칙

수능엔 어떤 문제들이 출제될까? 수능 출제의 기본 방향은 고등학교 교육과정의 내용과 수준에 맞추어 출제된다는 것이다. 해마다 출제위원장의 인터뷰에는 '고등학교 교육과정을 충실히 이수한 학생이면 풀 수 있는 문제'라는 말이 빠지지 않는다.

한국교육과정평가원의 자료에도 '고등학교 교육과정을 정상적으로 이수해 중요한 개념과 원리를 이해하면 풀 수 있도록 출제함'이라고 명시하고 있다. 다들 이 말에 콧방귀를 뀌는 모양인데 잘 새겨들어야 한다. 교육과정을 이수한다는 것은 단지 학교를 다닌다는 것과 동일시해서는 안 된다는 말이다.

학교를 다니더라도 교육과정, 즉 수업에 어떻게 임하였느냐, 교육과정의 내용을 어떻게 이해하고 공부하였는가는 천차만별이기 때문이다. 또한 고등학교 교육과정은 중학교 교육의 성과를 바탕으로 하고 있으므로 공통 교육과정의 내용을 간접적으로 관련지어 출제할 수 있다고도 한다. 그러니 고등학교 진학 후에도 중학교 교과서를 펼치는 것을 게을리해서는 안 된다. 실제로

'중학교 때 배웠던 건데' 하는 순간이 많기 때문이다.

수능은 기본 개념과 원리에 충실하되 추리 · 분석 · 종합 · 평가 등의 사고력을 측정하도록 출제된다. 그래서 단순 암기를 요하는 문제는 나오지 않고 다양한 제시문과 사례, 도표 등이 문제에 활용된다.

수능은 학교 교육의 정상화에 기여하기 위해 EBS 수능 교재 및 강의와 연계하여 출제된다. 연계 비율은 최대 70퍼센트에 달한다. 게다가 어떤 교재가 연계 대상인지 공개하고 있어 모든 학교에서는 그 교재들을 수업 시간에 다룬다. 연계 유형은 영역별로 차이가 있으나 중요 개념이나 원리의 활용, 지문이나 그림 · 도표 등의 자료 활용, 핵심 제재나 논지의 활용, 문항의 변형 또는 재구성 등이다.

이러한 상황을 고려하면 수능의 공부 방향은 명확해진다. 중요한 개념과 원리를 완전히 이해한 후에는 그 내용을 응용하는 연습을 해야 하는 것이다. EBS 교재를 풀 때는 답 맞추고 끝내는 것에 그치지 말고 유사한 문제를 여러 개 만들어보며 출제자의 관점으로 공부해야 한다.

✒ 출제 범위, 문항 유형 및 배점

국어, 수학 영역은 A형과 B형 중 하나를 선택할 수 있다. B형의 난이도가 조금 더 높기 때문에 문과 학생들은 국어 B와 수학 A, 이과 학생들은 국어 A와 수학 B를 고른다. 학교에서도 문·이과에 따라 수능 A, B형에 맞는 과목을 배운다. 하지만 대체로 그런 것일 뿐 어떻게 선택하든 상관없다. 단, 수험생의 학습 부담 경감을 위해 국어 B형과 수학 B형을 동시에 선택하는 것은 제한하고 있다.

사회탐구 영역은 10개 과목 중 최대 2개, 과학탐구 영역은 8개 과목 중 최대 2개 과목까지 선택할 수 있다. 탐구 영역은 당연히 두 과목을 보는 줄 아는데 원칙대로 한다면 한 과목을 봐도 무관하다. 그럼에도 다들 두 과목을 보는 이유는 대학 입시의 유용성을 위해서다. 대학에서 두 과목 점수를 모두 요구하는 경우도 있고(상위권 대학들은 거의 그렇다) 한 과목만 내도 되는 대학이라면 두 과목 중 더 잘 본 과목 하나를 고를 수 있기 때문이다.

문항 유형은 5지선다형이며 수학 영역만 단답형 문항이 30퍼센트 포함된다.

영역 · 과목별 출제 범위, 문항 유형 및 배점

구분 영역		문항 수	문항 유형	배점 문항	배점 전체	시험 시간	출제 범위 (선택과목)
국어 (택 1)	A형	45	5지선다형	2,3	100점	80분	화법과 작문 I, 독서와 문법 I, 문학 I 을 바탕으로 다양한 소재의 지문과 자료를 활용해 출제
	B형						화법과 작문 II, 독서와 문법 II, 문학 II를 바탕으로 다양한 소재의 지문과 자료를 활용해 출제
수학 (택 1)	A형	30	1~21번 5지선다형, 22~30번 단답형	2,3,4	100점	100분	수학 I, 미적분과 통계 기본
	B형						수학 I, 수학 II, 적분과 통계, 기하와 벡터
영어		45	5지선다형 (듣기 17문항)	2,3	100점	70분	영어 I, 영어 II를 바탕으로 다양한 소재의 지문과 자료를 활용해 출제
탐구 (택 1)	사회탐구	과목당 20	5지선다형	2,3	과목당 50점	과목당 30분 (최대 60분)	생활과 윤리, 윤리와 사상, 한국사, 한국 지리, 세계 지리, 동아시아사, 세계사, 법과 정치, 경제, 사회·문화 10개 과목 중 최대 택2
	과학탐구	과목당 20	5지선다형	2,3	과목당 50점	과목당 30분 (최대 60분)	물리 I, 화학 I, 생명 과학 I, 지구 과학 I, 물리 II, 화학 II, 생명 과학 II, 지구 과학 II 8개 과목 중 최대 택2
	직업탐구	시험 과목당 40	5지선다형	2,3	시험 과목당 100점	시험 과목당 60분	농생명 산업(농업 이해, 농업 기초 기술), 공업(공업 입문, 기초 제도), 상업 정보(상업 경제, 회계 원리), 수산·해운(해양 일반, 수산·해운 정보 처리), 가사·실업(인간 발달, 컴퓨터 일반) 5개 과목 중 택1

제2외국어·한문	과목당 30	5지선다형	1,2	과목당 50점	과목당 40분	독일어I, 프랑스어I, 스페인어I, 중국어I, 일본어I, 러시아어I, 아랍어I, 기초 베트남어, 한문I 9개 과목 중 택1

✎ 원서 접수

수능도 원서 접수를 해야 한다. 보통 9월 초에 쓰는데 수능 원서를 쓰다 보면 정말 시험이라는 실감이 난다. 재학생들은 학교에서 원서를 쓴다. 담임선생님이 두툼한 종이봉투를 가져와 한 장씩 나눠줘서 쓰게 하는 식이다. 재수생들도 원서 접수를 위해 출신 고등학교를 방문해야 한다.

후배들과 함께 원서를 쓰는 기분은 어떨까? 후배들은 자신도 수험생이면서 1년 더 고생한 선배를 응원하고 선생님들도 오랜만에 만나는 제자를 격려한다. 원서 접수 때마다 벌어지는 훈훈한 교무실 풍경이기도 하다.

✎ 성적표

시험이 끝나면 바로 정답이 공개된다. 학생들은 대략 자신의 점수를 가늠해볼 수 있지만 정확한 수능 성적표는 12월 초에 나온다. 재학생들은 학교에서 받아본다. 성적표에는 영역·과목별로 표준점수, 백분위, 등급이 기재되는데 등급은 영역·과목별로 상위 4퍼센트까지를 1등급으로, 그 다음 7퍼센트를 2등급으로 해 9등급까지 부여된다.

등급	1	2	3	4	5	6	7	8	9
비율(%)	4	7	12	17	20	17	12	7	4
누적 비율(%)	4	11	23	40	60	77	89	96	100

중학생들은 1등급이 어떤 건지 감이 잡히지 않을 것이다. 우리 학교에 한 반 당 30명씩 10개 반이 있다면 전교 동급생은 300명이 된다. 그중 상위 4퍼센트면 전교 12등까지가 1등급이 되는 것이다.

2016학년도 대학수학능력시험 성적통지표(예시)

수험번호	성 명	생년월일	성별	출신고교 (반 또는 졸업년도)		
12345678	홍길동	97.09.05.	남	한국고등학교(9)		
구 분	국어 영역	수학 영역	영어 영역	사회탐구 영역		제2외국어/한문 영역
	B형	A형		생활과 윤리	사회·문화	일본어 I
표준점수	131	137	141	53	64	69
백 분 위	93	95	97	75	93	95
등 급	2	2	1	4	2	2

2015. 12. 2.

한 국 교 육 과 정 평 가 원 장

이렇게 수능이 끝난다. 아직 3년이나 남은 먼 일 같겠지만 따지고 보면 그렇지도 않다. 중1 입학에서 고입을 걱정하는 지금까지 금방 지나왔듯 앞으로의 3년도 금방 지나갈 것이기 때문이다.

당장은 고등학교 가는 것만 해도 머리가 터질 듯 복잡할 것이다. 고입이 결정되고 여유가 생기면 다시 진지하게 공부하자. 아무리 어려워 보이는 시험이라도 미리 알아보고 남보다 먼저 노력을 시작하면 못할 게 뭐 있을까? 크게 생각하고 멀리 보자.

02. 고1, 3월 모의고사를 풀어보자

    준혁이의 성적은 전교에서 한 손가락으로 셀 수 있을 정도다. 그러면서도 특목고에 가지 않고 일반고에 진학했다. 특목고 가려면 1학년 때부터 과고반이니 외고반이니 하며 학원 가서 살다시피 해야 하는데 그렇게까지 공부에 매달리는 것이 싫었다고 한다. 좋은 학교 갔다고 우쭐거리는 선배들도 싫었단다. 부모님도 은근히 기대를 했고 담임선생님은 정말 아까운 학생이라며 안타까워하셨지만 준혁이는 그냥 평범한 게 좋았다.

    준혁이는 성적이 매우 좋은 편이었지만 타고난 머리, 즉 논리적 사고력이나 탐구력이 우수한 편은 아니었고, 무엇이든 새로 배우는 것을 거부감 없이 받아들이는 열린 태도로 공부하는 학생이었다. 모르면 모르는 대로 웃으면서 다시 배우는 여유로움이 있었다. 머리가 좋으면서도 어려운 문제를 보는 순간 자존심이 상하고 수치심이 생겨서 책에서 관심을 놓아버리는 학생들과 대조되는 경우라 할 수 있다. 그렇게 알아서 자기 할 일 잘하는 학생이 상담실을 찾은 이유는 무엇일까? 준혁이는 고등학교 공부 준비를 위해 어떤 공부를 해야 하는지를 물었다.

"지금 하고 있는 공부는 뭔데?"

"영어는 독해 문제집 풀고요, 수학은 EBS로 고등학교 진도 예습해요."

"하루에 공부할 분량을 정해두고 하니?"

"네."

"빼먹는 날은 없고?"

"교회에서 수련회 갈 때 못했고요. 뭐…… 그리고 거의 다 하는 편이에요."

"고등학교 공부도 중학교 공부와 크게 다를 것은 없어. 중학교 때 했던 것처럼 예·복습하고 시험공부하면 되는 거야. 중학교 때보다 과목이 많아지니까 공부 습관이 부실한 학생들은 쉽지 않겠지만 너는 크게 어렵지 않을 것 같다."

"네."

"지금 하고 있는 영어랑 수학 공부도 잘하고 있어. 욕심이 나면 더 해도 좋겠지만 선행 학습 하느라 진 빼지 말고 1, 2월은 쉬다가 학기 시작되면 수업에 맞춰 예습을 잘하는 것이 좋을 거야. 그리고 지금 하고 있는 영어 독해 있잖아."

"네."

"어떤 문제집을 풀고 있어?"

"리딩○○요."

"영어 공부야 무엇으로 해도 상관없어. 하지만 고등학교 공부는 수능을 잘 보기 위한 공부로 초점이 맞춰져 있어. 그러니까 일반적인 독해 책보다 작년 고1들이 봤던 모의고사 기출문제를 풀어보는 것이 낫겠다. 공부하는 실감도 나고, 모의고사에 나오는 문장들이나 단어들을 공부할 수 있으니까 훨씬 나을 거야."

"어! 그래요? 그런 문제는 어디서 구해요? 서점에서 팔아요?"

✎ 고등학교 공부의 초점은 대학 입시

준혁이는 모의고사 기출문제를 풀어보라는 말에 적극적인 반응을 보였다. 고등학교 진학을 앞둔 학생들은 대부분 선행 학습하느라 진을 빼면서도 학원 교재나 시중 문제집에만 의존할 뿐, 정작 자신들이 겪게 될 시험문제와 공부의 방향이 무엇인지는 생각해보지 않는다. 고등학교 공부는 삭막할 만큼 대학 입시를 향해 맞춰져 있다. 고1들이 가장 당황하는 것도 이 점이다.

중학교 때는 전국 단위의 시험이라고 해 봤자 형식적으로만 보던 성취도평가가 전부였는데, 고등학생이 되면 3월부터 모의고사를 본다. 하루 종일 보는 시험에 익숙지 않은 학생들은 시험 보다가 지치고 시간이 부족한 상황을 겪으며 정신을 쏙 뺀다. 성적표도 학생 기분은 전혀 생각하지 않고 나의 현실적인 위치를 알려 주는 다양한 수치들이 빼곡히 적혀있으니 난감할 따름이다.

중학교와 고등학교 공부가 이렇게 다른 이유는 무엇일까? 학생들은 그저 한 학년 올라갔다고 생각할 뿐이겠지만, 국가 교육 정책의 입장에서 보면 중학교와 고등학교는 엄청난 차이가 난다. 중학교는 대한민국 국민으로서의 기본 소양을 익히는 의무교육 단계이고, 고등학교는 학생이 자신의 진로를 위해 '선택'한 것이기 때문이다. 특히 다수의 학생들이 진학하는 인문계 고등학교는 대학교를 가기 위한 단계이므로 대학 가기 위한 공부에 치중할 수밖에 없다.

✎ 모의고사 문제로 수능 실전을 경험하자

고등학교 입시가 끝나고 나면 입학하기 전 여유로운 시간에 작년 고1들이 봤던 모의고사를 풀어보자. 한국교육과정평가원이나 각 시·도 교육청, EBS 홈페이지에 들어가면 문제는 물론 답, 국어와 영어의 듣기평가 파일까지도 내려받을 수 있다. 수능 문제지처럼 구성돼 있으니 출력해서 손에 들기만 해도 고등학교 공부의 '압박'이 느껴질 것이다.

특히 고1 3월의 모의고사는 고1 때 배운 것이 거의 없는 상태에서 보는 시험이므로 중3까지의 교과과정 범위를 포함하는 문제들이 나온다. 중3을 마친 상태라면 풀어볼 수 있다.

3월 고1 전국연합 학력평가 출제범위			
시행일	3월 11일(수)	주관	서울특별시 교육청

	국어	
	수학	
	영어	
	한국사	
탐구	도덕	중학교 전범위
	사회(지리)	
	사회(일반사회)	
	과학(물리)	
	과학(화학)	
	과학(생명과학)	
	과학(지구과학)	

2015년 3월 고1 모의고사 안내. 시험 범위는 중학교 전 범위의 교과 내용이다. 선행 학습 없이도 지금 나의 수준을 평가해볼 수 있다.

12. 그림과 같이 바위섬의 위치를 A, 해안 도로 위의 두 지점의 위치를 B, C라 하면 $\overline{BC} = 200\,m$, $\angle ABC = 45°$, $\angle ACB = 60°$이다. 점 A에서 선분 BC에 내린 수선의 발을 H라 할 때, 선분 AH의 길이는? [3점]

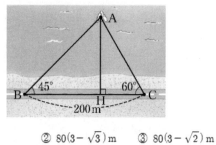

① 100 m　　② $80(3-\sqrt{3})\,m$　　③ $80(3-\sqrt{2})\,m$

④ $100(3-\sqrt{3})\,m$　　⑤ $100(3-\sqrt{2})\,m$

2015년 3월 고1 모의고사 수학 영역 문제. 삼각비를 활용해 선분의 길이를 구하는 문제다. 중3 교과과정의 내용이므로 어렵지 않게 풀 수 있다. 정답은 ④이다.

예시 문제를 보자 준혁이는 자신감을 얻었다.

"한 문제씩 천천히 풀어봐도 좋겠지만 너는 하루 날 잡아서 시간을 정해두고 풀어봐도 좋을 것 같다. 우선 국어, 수학, 영어만 풀어봐. 국어는 80분, 수학은 100분, 영어는 70분이야."

교시	시험 영역	시험 시간
1	국어	08:40～10:00(80분)
2	수학	10:30～12:10(100분)
3	영어	13:10～14:20(70분)
4	사탐 · 과탐 · 직탐	14:50～15:52(62분)
5	제2외국어 · 한문	16:20～17:00(40분)

수능 시험 시간표. 고1 모의고사도 수능 시험과 같은 형태로 진행된다. 과목별 시험 시간을 기준으로 문제를 풀어보자.

일주일 후, 준혁이는 국어, 수학, 영어 영역의 문제를 열심히 풀어가지고 왔다. 적지 않은 분량이었을 텐데 모두 공부한 것을 보니 준혁이의 성실함이 얼마나 놀라운 성과를 만들고 있는지 눈으로 보이는 듯했다.

"어땠어? 생각보다 풀 만하지?"

"네. 근데 시간 안에 다 못 풀겠어요."

"그건 주어진 시간 동안 집중하고 바로 다음 문제로 넘어가는데 익숙하지 않아서 그래. 수능 볼 때까지는 익숙해질 거니까 걱정하지 않아도 돼."

"이렇게 풀기만 하면 되는 거예요? 틀린 문제 같은 건 다시 봐야 하지 않을까요?"

"당연히 다시 봐야지. 틀린 문제뿐만 아니라 맞은 문제 중에서도 공부거리가 있을 거야."

✏️ 문제 속에서 공부거리를 찾자

고1 3월 모의고사는 중학교 공부를 총정리해놓은 것이라 모든 문제를 촘촘히 공부하는 것이 좋다. 내가 공부해야 할 것은 '시험을 통해 발견한 내가 모르는 것'이다. 그 모르는 것 또한 '교과 범위 내에서 시험이 원하는데 내가 모르는 것'일 뿐이므로 '이거 큰일 났다'라는 식의 좌절은 절대 하지 말아야 한다.

모르는 단어는 찾아보고, 반복해서 읽어보고, 듣기평가도 잘 들릴 때까지 반복해서 들어보자. 특히 사회·과학탐구영역은 해설만 읽어보고 지나치지 말고 중학교 때 배웠던 책들을 뒤져가며 공부하기를 권한다.

✏️ 찾아서 익히는 공부를 하자

국어 지문을 읽을 때도 모르는 단어가 나오면 사전을 찾아보자. 예를 들어 '지략'이라는 단어를 생각해보자(중3 교과서 〈박씨

전〉에 나오는 단어). 언뜻 들어본 것 같은데도 설명을 하기는 쉽지 않다. 참고서에는 '슬기로운 계략'이라는 말로 간단히 설명돼 있지만 '계략'이라는 말도 어렵다. 나다운 이해를 위해서는 사전을 찾아봐야 한다. 인터넷 검색을 해보면 '어떤 일이나 문제든지 명철하게 포착하고 분석·평가하며 해결 대책을 능숙하게 세우는 뛰어난 슬기와 계략'이라고 나온다.

그래도 자습서보다는 친절한 설명이다. 아래에 이어지는 예문을 보면 '지략이 뛰어난 장수'라는 문장으로 조금 더 감이 잡히는 듯하다. '지략'이라는 단어로 함께 검색된 다른 이들의 글들을 보면 '제갈량의 지략으로 전투에서 패한 적이 있나요?'라는 질문이 보인다. 이렇게 훑다 보면 지략이라는 단어의 뜻이 느껴진다. 머리를 써서 전략적으로 작전을 짜는 것이 연상되지 않는가? 단어 하나라도 이렇게 공부해둬야 한다.

찾아서 익히는 공부를 경험하지 못한 학생들은 찾는 동안의 불확실함과 시간 지체를 참지 못한다. 그러나 그 과정은 내 머릿속에 사고의 맥이 잡혀가는 과정이다. 문제 풀이를 위한 답은 그 문제를 빨리 이해할 수 있게 해주지만 문제 풀이에 필요한 바탕 지식이나 사고의 틀까지 만들어주지는 못한다. 중학교 때까지는 그럭저럭 성적이 나왔을지 모르나 통합적 사고력이 필요한 고등학교 공부는 만만하지 않다. 느리더라도 충분히 생각하고 이해될 때까지 찾아보는 방법으로 바꾸자. 편한 공부 습관은 편한 성적을 낼 뿐이다.

✏ 원점수와 백분위로 전국 성적 확인

"혼자 문제를 푸니까 성적표를 받을 수 없어서 좀 아쉬워요. 성적을 알면 좋을 텐데."

"개인 성적표를 받을 수는 없지만 분석 자료를 보면 내가 어느 정도 위치에 있는지는 확인할 수 있어."

"그래요?"

성적 분석 자료는 시도 교육청, 평가원, EBS 등 문제를 내려받았던 곳에서 함께 찾아볼 수 있다. 표준점수는 혼자 파악하기 어렵지만 원점수와 평균, 백분위 정도만 봐도 나의 위치를 파악하기에 충분하다.

국어, 수학, 영어 영역 원점수 평균 및 표준편차(서울시 교육청 제공)

영역(수준)	평균(점)	표준편차(점)
국어	63.97	19.43
수학	49.50	23.51
영어	55.81	23.75

1~3등급 등급별 점수(메가스터디 제공)

과목	1등급			2등급			3등급		
	원점수	표준점수	백분위	원점수	표준점수	백분위	원점수	표준점수	백분위
국어	93	130	96	87	124	88	80	117	77
수학	92	136	96	82	128	89	69	117	77
영어	97	135	96	90	129	89	77	118	77
한국사	40	58	86	35	53	64	30	48	48
사회탐구	43	66	96	40	62	90	36	58	78
과학탐구	41	70	96	35	64	89	29	58	77

"1등급, 2등급 하는 게 이런 거군요."

"1등급은 상위 4퍼센트를 말하는 거야. 그래서 백분위에 96 퍼센트라고 돼 있지? 국어 점수가 93점 이상이면 1등급이 되는 거야."

"전 90점이니까 2등급이네요. 그래도 잘했다고 생각했는데. 음. 고등학교 가서도 비슷하게 성적이 나올까요?"

"점수는 다르겠지만 백분위는 아마 비슷할 거야."

"휴, 더 열심히 해야겠어요."

✎ 나에게 필요한 공부

이렇게 모의고사를 한 번 풀어보는 것만으로도 엄청난 동기 부여가 된다. 시험을 통해 공부할 거리를 발견하고 찾아보며 내 것으로 만들 수 있으니 문제집 풀며 진도 나가는 식의 공부보다 훨씬 '공부하는 것 같은' 공부가 된다. 특히 상위권 학생들에게는 고등학교의 실전 공부에 대한 도전이 돼 학습 동기를 만들기에 좋다.

내 꿈을 이루기 위한 공부라고는 하지만 사실 '대학 가기 위한 공부'라는 것은 부정할 수 없다. 대학 가기 위한 공부를 하기 위해서는 수능 시험에 가장 가까운 자료를 가지고 공부해야 한다. 문제집이나 학원 등으로 돌아가지 말고 기출문제와 직접 부딪혀 보자. 문제를 풀어보며 나의 수준과 시험에 필요한 지식, 문제를 푸는 속도 등 대학 가기 위해 필요한 시험공부가 어떤 것인지 몸과 마음으로 체험할 수 있다.

03. 수능 만점자 따라 하기

EBS의 한 프로그램에서 수능 만점자를 초대했다.

"공부를 잘하는 비결이 뭔가요? 자기만의 특별한 방법이 있습니까?"

진행자가 묻자 만점자가 답했다.

"저는 오답 노트가 없습니다."

그토록 공부 잘하는 학생에게 오답 노트가 없다니 이상한 일이다. 진행자가 다시 물었다.

"오답 노트가 없으면 틀린 문제들은 어떻게 공부했나요? 그냥 넘어가지는 않았을 텐데."

그러자 자신이 공부했던 문제집을 보여주며 말을 이었다.

"틀린 문제가 생기면 노트에 따로 정리를 하지 않고 바로 문제 옆에 공부할 내용을 메모했습니다. 수능에서 EBS 비중이 높기 때문에 EBS 교재를 교과서처럼 사용했거든요. 다른 문제집을 풀다가도 틀린 문제가 생기면 EBS 교재에서 비슷한 문제를 찾아 제가 몰랐던 내용을 메모했습니다."

무엇이든 잘하고자 한다면 그 분야의 고수에게 한 수 배우는 것이 가장 좋다. 공부도 마찬가지다. 성적을 크게 올린 경험이 있는 선배나 공부 잘하는 친구에게 비결을 물어보자. 공부법 책이나 우수 학생의 인터뷰를 참고하는 것도 좋은 방법이다.

중요한 건 성공 사례를 보고 난 후다. '아 그렇구나', '와 대단하다' 하며 그냥 넘어가거나 '그래 너 잘났다' 하는 식으로 반감을 가져서는 아무것도 배울 수 없다. '오답 노트를 안 만들어도 공부 잘할 수 있네 뭐'와 같이 엉뚱한 교훈을 얻어서도 안 된다. 성공 사례 속에서 무엇이 성적을 올리게 만들었는지 핵심을 파악해야 한다. 겉으로 드러나는 공부의 모습은 사람마다 다르지만 실력 향상의 요인은 동일하기 때문이다.

✎ 수능 만점자의 공부법

앞의 사례에서 배울 수 있는 수능 만점자의 공부 비법은 세 가지로 정리해볼 수 있다.

① 오답 노트를 만들지는 않았지만 문제집 여백에 문제의 주요 내용과 틀린 이유 등을 메모함으로써 틀린 문제를 통해 약점을 보완한다는 오답 노트의 기능을 완벽하게 실천했다.

② 두 권 이상의 문제집을 풀어서 빈틈 없는 공부를 했고 같은 내용을 다각적으로 풀어보는 훈련을 했다.

③ 여러 권의 문제집에서 많은 문제를 풀었지만 틀린 문제는 한 권의 교재에 모아 정리해 효율적인 반복 학습이 가능토록 했다.

✎ 나에게 적용

이렇게 성공 사례를 통해 알게 된 공부 비법은 그대로 따라 해도 좋지만 각자의 성향과 수준에 맞도록 수정하는 것이 더욱 좋다. 수능 만점자의 공부 비법을 중학생 수준에서 어떻게 따라 해볼 수 있는지 살펴보자.

수능 만점자의 비법	나에게 적용
문제집 여백에 문제의 주요 내용과 틀린 이유 등을 메모함으로써 틀린 문제를 통해 약점을 보완한다는 오답 노트의 기능을 완벽하게 실천	오답 노트를 따로 만들지 여부는 각자의 선택에 따르면 된다. 책을 깨끗하게 보고 싶은 학생, 글씨가 커서 문제집 여백에 필기하기가 어려운 학생, 노트 정리를 즐기는 학생들은 오답 노트를 따로 만들어서 정리해도 좋다.
두 권 이상의 문제집을 풀어서 빈틈 없는 공부를 했고 같은 내용을 다각적으로 풀어보는 훈련을 함	여러 권의 문제집을 푸는 것은 완벽한 공부를 하기 위한 좋은 방법이다. 먼저 문제집 한 권으로 공부하고 그 다음엔 출판사가 다른 문제집으로 한 권 더 공부하자.
여러 권의 문제집에서 많은 문제를 풀었지만 틀린 문제는 한 권의 교재에 모아 정리해 효율적인 반복 학습이 가능토록 함	가장 자주 보는 문제집을 기본서로 정하는 것이 일반적이지만 유인물이 중요한 과목이라면 유인물에 공부 내용을 모아도 좋다. 하지만 정리하는 데 공부 시간을 다 써버리는 등 부작용이 생길 수도 있으니 주의할 것.

✏ 실천하지 않으면 내 것이 아니다

성공 사례를 통해 공부법을 배우되 반드시 실천이 따라야 한다. 실천하면서 공부가 이루어지기도 하지만 실천하지 않으면 그 방법이 나에게 맞는지, 내가 할 수 있는 방법인지 판단할 수 없기 때문이다.

'저 정도는 나도 할 수 있겠다' 싶은 것을 딱 하나만 골라 조금씩 따라하자. 수능 만점자는 모든 과목을 저렇게 공부했겠지만 우리는 일단 한 과목만 해봐야 한다. 수능 만점자는 여러 권의 문제집을 풀었다고 했지만 우리는 한 권도 제대로 못 푸는 경우가 많으니 일단 두 권으로 목표를 정해야 한다. 이렇게 따라 하다 보면 나에게 맞도록 수정하게 되고 그 과정이 반복되면 자연스럽게 나만의 공부법으로 재구성된다.

아무리 수능 만점자의 공부 비법이라 해도 나에게는 맞지 않을 수 있다. 실제로 위 방송에 함께 출연했던 다른 만점자는 "저는 다른 방법으로 공부했습니다. 노트를 따로 만들어 오답 정리를 했어요"라고 했다. 세상의 수많은 공부법 중 가장 좋은 방법은 자신이 실천할 수 있는 방법이다.

고수의 방법을 알았다면 손발을 움직여 직접 실천해보자. 그것만이 내 실력을 올릴 수 있는 길이며 나만의 공부법을 찾을 수 있는 길이다.

04. 내신 1등급
고등학생의 하루

　중3이 되면 고등학생들이 존경스러워 보인다. 가만히 있으면 저절로 가는 줄 알았던 고등학교였는데 그게 아니기 때문이다.

　'저 형들은 저 학교를 어떻게 가게 됐을까?'

　'고등학교 공부는 훨씬 어려울 텐데 잘할 수 있을까?'

　'고등학생이 되면 학교도 더 빨리 가겠지?'

　고등학교 생활에 대한 막연한 동경과 불안, 궁금증을 해소하기 위해서는 선배의 이야기를 직접 듣는 것이 가장 좋다. 야무진 학교생활로 내신 1등급을 받는 선배 건우의 하루를 살펴보자.

등교(07:50～08:00)

　등교는 항상 여유 있게 한다. 아침부터 뛰느라 헐떡거리면 하

148

루 종일 정신이 없기 때문이다. 등굣길을 걸으며 음악도 듣고 하루를 시작하는 다짐도 한다. 신선한 아침 공기를 느끼며 길가의 풀과 나무, 하늘을 바라보는 것도 등교 시간에 누려야 한다. 모두 팍팍한 고등학교 생활에 힘을 주는 것들이다.

학교에 도착하면 사물함에서 EBS 교재와 연습장을 준비하고 미리 앉아 오늘 배울 내용을 살짝 훑어본다. 곧 시작할 EBS 방송 수업을 준비하기 위해서다. 이것도 엄연히 예습이다. 일단 나를 비롯해 몇몇 친구들이 앉아 책을 펴게 되면 반의 다른 친구들도 슬슬 앉아 책을 펴기 시작한다.

힘찬 등굣길

✎ EBS 방송 수업(08:00~08:50)

0교시 수업을 금지하고는 있지만 대부분의 고등학교는 자율적인 아침 공부 프로그램을 운영한다. 건우는 아침 0교시에 EBS 방송을 시청한다. 담임선생님이 감독하는 날도 있고 그냥 자율적으로 시청하는 날도 있다. 학생들은 별로 개의치 않고 자기 공부를 한다.

EBS 강사 선생님이 필기할 땐 일단 필기하는 걸 본다. 그리고 그 필기가 책에 있는지 없는지를 확인하고, 있으면 조금 첨가해서 쓰거나 없으면 열심히 받아적는다. 문제를 풀 때는 강사 선생님의 풀이에도 신경을 쓰지만 먼저 내가 풀어보려고 노력한다.

EBS 방송 시청 중

✏ 쉬는 시간(08:50~09:20)

0교시가 끝나고 1교시가 시작되기 전까지 쉬는 시간이 길다. 이 때 담임선생님이 들어오셔서 아침 조회를 하시는데 조회 시간이 길지 않으니 나머지 시간은 0교시 EBS 수업 내용을 복습한다. 이 시간에 그날 EBS 내용을 복습하면 야자 시간이나 집에 갔을 때 따로 공부할 필요가 없어서 좋다.

이 시간은 아침잠이 부족했던 아이들의 취침 시간이기도 하다. 몸이 안 좋거나 아주 피곤할 때는 어쩔 수 없이 엎드리지만 학교에서의 시간은 모두 공부하는 데 쓰는 것이 좋다.

쉬는 시간

공포의 수학 시간이다. 건우네 수학 선생님은 수업 시간에 분단별로, 줄별로, 번호별로 학생들을 마구잡이로 뽑아 문제 풀이를 시킨다. 일단 수업을 열심히 듣고 '각자 노트에 풀어봐라' 하시면 정말 열심히 푼다. 풀어보라고 한 문제를 앞에 나와서 풀게 하기 때문이다.

건우는 칠판 앞에 나가 문제를 풀게 되면 이걸 기회로 선생님한테 개인 지도를 받는다. 일단 칠판에 문제를 푼다. 만약 풀 수 있는 문제라면 그동안 공부했던 데서 약간 의심쩍었던 부분을 질문하고, 풀 수 없는 문제라면 그 문제를 완벽히 이해할 때까지 집요하게 질문한다.

친구들은 질문이 많은 건우를 재수 없어 하지 않을까? 전혀 아니다. 수학이 어렵기는 다른 친구들도 마찬가지기 때문이다. 자신들이 하고 싶었던 질문을 건우가 대신 해주니 은근히 고마워한다. 친구들도 함께 설명을 들으며 더 많이 배운다.

건우네 수학 선생님은 수업 중에 은근슬쩍 숙제를 내주시는 경우가 있다. '몇 페이지 몇 번 문제 풀어와야겠지?'라든가 '이거에 대해서 한번 알아봐라' 같은 말씀을 하시는 경우다. 졸았거나 수업에 집중을 하지 않으면 모르고 지나가기 쉬운데 그 다음 수업 시간에 꼭 확인을 하신다. 해온 애들이 적으면 가산점을 주기도 하니 늘 수첩이나 포스트잇을 옆에 준비해서 숙제를 체크해야 한다.

✏ 쉬는 시간(10:10~10:20)

쉬는 시간에는 항상 전 시간의 수업을 복습한다. 특히 수학 시간 후에는 아리송했던 문제를 다시 한 번 풀어봐야 한다. 선생님의 설명 없이 혼자서도 풀 수 있는지 확인이 필요하기 때문이다. 즉시 복습을 해서 내 것으로 만들면 다음에 다시 풀어도 쉽게 풀리지만 바로 복습을 하지 않으면 계속 모르는 문제로 남는다.

다음 시간이 체육 시간이어서 바쁘다. 서둘러 문제를 풀어보고 옷을 갈아입는다. 한 번 더 풀어보고 싶지만 시간이 없으니 점심시간에 다시 풀어보기로 하고 일단 패스한다.

✏ 2교시 체육(10:20~11:10)

체육 수행평가 때문에 체육 과외 받는 학생들도 있는 모양인데 건우는 체육 수업 시간을 늘 수행평가에 대비하는 시간으로 보낸다. 첫 수업 시간에 선생님께서 매트 운동과 줄넘기 수행평가를 한다고 말씀해주셨다. 줄넘기는 집 앞 공원에서도 할 수 있지만 매트 운동은 체육 시간이 아니면 하기 어려우니 체육 시간에는 특히 매트 운동 연습에 집중한다.

앞구르기, 뒤구르기, 뒤로 굴러 물구나무서기, 옆돌기를 해야 하는데 건우는 뒤로 굴러 물구나무서기를 잘 못했다. 그래서 체육 선생님한테 요령을 배우고, 친구들의 도움도 받아가며 겨우 겨우 성공했다. 이렇게 열심히 하는 것을 보셨는지 체육 선생님께서는 수행평가 당일에 관심을 가져주시고 좋은 점수를 주셨다.

✎ 3교시 국어(11:20~12:10)

국어 수업 시간은 교과서로도 충분히 알차게 보낼 수 있다. 따로 노트나 연습장을 준비할 필요 없이 선생님께서 판서하시거나 설명해주시는 것을 교과서에 다 적기 때문이다. 가끔 나눠주시는 유인물은 위와 옆이 트인 비닐 파일에 넣어서 보관한다.

국어 시간은 긴 본문 하나 읽기 시작하면 졸기 시작하는 건 시간문제다. 건우는 졸음을 방지하기 위해서 일부러 선생님의 시선을 피하지 않고 눈을 마주치며 수업을 듣는다. 질문이 특기인 건우는 고요한 국어 시간에도 질문이 생기면 그때그때 선생님께 물어본다. 질문은 졸음을 쫓기 위한 좋은 방법이기도 하다.

✎ 쉬는 시간(12:10~12:20)

체육의 피곤함과 국어의 쓰나미에 밀려 전멸한 듯이 모두 잔다. 더구나 다음 시간이 국사이니 제정신으로 수업을 들으려면

5분이라도 눈을 붙이는 것이 좋다.

✏️ 4교시 국사(12:20~13:10)

국사 선생님은 매시간 유인물을 나눠주신다. 한 번에 10장 이상을 주실 때도 있다. 국사 시간에는 유인물로만 수업을 하기 때문이다. 유인물에는 교과서 내용 정리와 관련 문제들이 인쇄돼 있다. 정말 자세하고 중요한 내용만을 잘 정리해주셔서 문제집을 볼 필요가 없을 정도다.

국사는 유인물의 중요성이 큰 만큼 유인물 관리에도 신경을 써야 한다. 국어는 몇 장 되지 않아서 얇은 파일에 한꺼번에 넣었지만 국사는 분량이 많아서 클리어 파일(두꺼운 표지 안에 비닐이 여러 장 들어있는 파일)을 준비했다. 비닐에 유인물 한 장을 넣어도 되고(끼운 채로 볼 수 있어 꺼내지 않아도 되니 편하다), 단원별로 모아서 한 비닐에 넣어도 괜찮다.

유인물에 필기를 할 때는 여백이 충분하지 않아서 애를 먹는 경우가 종종 있는데 포스트잇을 붙이면 포스트잇에 가려진 내용이 보이지 않아 불편하다. 연습장(낱장)에 정리를 하고 그 유인물과 연습장을 스테이플러로 찍어두는 게 좋다.

국사 선생님이 설명을 장황하게 하시는 부분은 중요한 내용이다. 밑도 끝도 없이 이야기가 길어질 때도 있지만 졸더라도 어떤 부분인지 표시는 해둬야 한다.

✎ 점심시간(13:10~13:50)

점심시간은 오전 시간 중 하지 못했던 복습을 하는 시간이다. 오늘은 체육복 갈아입느라 찜찜하게 넘어갔던 수학 문제를 풀어야 한다. 쉬는 시간에는 마음이 급해서 그랬는지 잘 안 풀렸는데 점심시간에 다시 보니 술술 잘 풀어진다. 문제가 잘 풀리니 기분도 좋고 자신감도 회복된다.

밀린 복습이 끝나면 자유 시간이다. 시험 기간에는 공부를 하지만 그렇지 않을 때는 운동장에 나가 논다. 운동량이 부족하면 체력, 집중력 모두 떨어지기 때문이다. 왁자지껄 창밖이 시끄러워 내다 보니 옆 반과 말뚝박기 시합이 열렸다. 이럴 땐 얼른 뛰어나가야 한다.

즐거운 점심시간

✎ 5교시 영어(13:50~14:40)

영어 시간에 20분은 교과서 진도를 나가고, 나머지 30분은 보조 교재(문제집) 진도를 나간다. 보통 영어 과목이 내신 준비랑 수능 준비가 정말 천지 차이라고들 하지만 그렇게 유별스럽지는 않다. 내신 공부를 열심히 하면 그 밑천으로 수능도 잘 보게 마련이다.

고등학교 와서 가장 놀란 것이 교과서 영어가 어렵다는 거였다. 중학교 때까지는 자습서를 보지 않아도 적당히 해석할 수 있었는데 고등학교에 올라오니 문장도 길어지고 모르는 단어도 많아 수업 시간에 집중을 안 할 수가 없다. 건우는 혼자서 공부를 하기 위해 자습서를 구입했다. 일단 교과서는 본문 해석을 확실히 하고 본문에 나온 단어는 기본적으로 숙지해야 한다.

객관식 문제는 수능처럼 독해 중심으로 나오니 크게 어렵지 않은데 문제는 영작을 해야 하는 서술형이다. 배점이 높은 데다 부분 점수도 없어 점수를 다 깎아먹는다.

건우도 첫 시험을 망친 후에는 영어 공부하는 방법을 바꿨다. 그전에는 시험 범위를 읽어보기만 하고 시험을 봤는데(보조 교재까지 공부를 해야 하니 읽어보기만 해도 분량이 많다) 이제는 교과서의 주요 문장들을 외운다. 선생님이 강조하시는 문장이나 수업 시간에 영작을 했던 문장은 표시해뒀다가 암기한다. 이렇게 하니 외운 문장을 조금만 변형하면 영작 문제도 틀리지 않게 쓸 수 있고 객관식으로 나오는 문법 문제도 헷갈림 없이 풀 수 있다.

보조 교재(문제집)는 수업 중에 선생님께서 해석해주시면 잘 따라서 보고, 중요한 문법이나 구문은 체크해두고 복습하는 식으로 공부하면 된다. 영어 과목은 시험 전에 범위를 확 줄여서 출제하거나, 범위가 넓다면 몇 문제를 찍어주시기도 한다.

수업을 듣다 보면 문제마다 수업을 하는 강도가 다르다는 걸 알 수 있다. 어떤 문제는 해석만 하고 넘어가고, 어떤 문제는 문법까지 자세히 설명하는 것이다. 수업 시간에 중요하게 다뤄진 문제에 표시를 해두면 시험공부를 할 때 도움이 된다.

✎ 6교시 화학(14:50~15:40)

화학은 선생님께서 추천하신 문제집으로 수업한다. 문제집이 요약정리도 잘돼 있고 문제도 많아 편하기는 하지만 그림이 작고 실험에 대한 내용이 자세하지 않아서 필요할 때는 교과서를 함께 본다. 화학 선생님은 내용 정리를 꼭 실험이랑 같이 연관시켜서 정리해주시곤 한다. 그래서 혼자 공부할 때도 화학은 실험을 중점적으로 공부한다.

또 불꽃 반응 색이나 주기율표 등을 외울 때 선생님께서 가르쳐주시는 암기 방법들이 있는데 수업 시간에는 유치하다며 웃었지만 나중에는 결국 그 방법을 따라한다. 그 다음부터 선생님이 알려주시는 암기 방법은 메모해둔다.

화학 선생님은 중요한 내용을 설명할 땐 꼭 "자, 집중! 이거 보자"라는 말을 붙이시는데 그래서 이 말이 나오면 반 친구들하고 "이거 시험에 나오나요?"라고 짓궂게 물어보곤 한다. 선생님이 강조하시는 부분은 빠뜨리지 않고 별표를 해둬야 한다.

✎ 청소 시간(15:40~16:10)

중학교 때는 수업이 끝나면 청소 당번이 남아서 청소를 하고 나머지는 우르르 집에 돌아갔었는데 고등학교에 오니 청소를 다 함께 한다. 정규 수업은 모두 끝났지만 이후에 방과 후 수업과 자율학습이 남아있기 때문이다.

모두 자리에서 일어나 책상을 전부 뒤로 민다. 청소 당번이 빗자루와 걸레로 먼지를 치우면 앞줄부터 차례로 책상과 의자를 끌어오며 줄을 맞춘다. 자기 자리 책상은 자기가 끌고 와야 하기 때문에 청소 당번이 아니라고 해서 놀러 나가서는 안 된다.

다 함께 하니 청소는 후딱 끝난다. 나머지 시간은 자유 시간이다. 이 시간에 건우는 주로 책을 읽는다. 공부를 하기에는 소란하고 어수선한 데다 이후에 바로 자율학습 시간이 이어지기 때문이다.

추리소설을 좋아하는 건우는 항상 가방에 책을 넣어가지고 다닌다. 청소 시간은 추리소설 읽기에 딱 좋은 자투리 시간이다. 추리소설은 책장 넘어가는 속도가 빠르고 어수선한 중에도

청소 시간

흠뻑 빠져들 수 있어서 자투리 시간에 읽기에 아주 좋다.

🖊 7교시 방과 후 수업(16:10~17:00)

고등학교의 방과 후 수업은 중학교 때처럼 다양한 프로그램으로 운영되지 않는다. 방과 후 수업 시간표는 주요 과목(국 · 영 · 수 · 사 · 과)만으로 짜이고 특별히 다른 교재를 쓰는 것이 아니라 수업 진도의 연장으로 진행된다. 따라서 방과 후 수업이라고는 하지만 정규 수업이라고 생각해야 한다.

처음에는 이렇게 삭막한 수업 방식이 상당히 어색할 것이다. 하지만 고등학교 공부는 군더더기 없이 대학 입시를 위한 공부여야 한다. 수업 형태야 어떻든 모두 나에게 도움이 되는 공부이니 모든 수업에 집중하자.

✏️ 8교시 자율학습(17:10~18:00)

이 시간에 건우는 그날 배운 교과의 복습과 숙제를 한다. 오전 수업에 대한 복습은 점심시간에 일부 했으니 주로 오후 수업에 대한 복습이 된다. 복습하다가 충분히 이해가 안 된 내용은 7교시 끝난 다음 쉬는 시간에 담당 교과목 선생님께 가서 여쭤보거나 친구한테 물어봐서 꼭 해결하고 넘어간다.

매일 규칙적으로 자율학습시간이 있으니 8교시 자율학습을 위한 노트를 마련하거나 8교시에만 푸는 문제집을 따로 정하는 학생도 있다. 이 정도면 자기만의 공부 리듬을 터득한 고수들이라 할 수 있다.

✏️ 저녁 시간(18:00~18:40)

학교에 있으면 시간이 정말 빨리 가고 언제나 배가 고프다. 학교에서 저녁을 먹는 것도 고등학교에서 새롭게 경험한 것 중 하나다. 학교 급식 두 번 먹기 싫다며 집에 가서 밥을 먹고 오는 아이들도 있는데 건우는 학교 급식을 좋아한다. 부모님이 늦게 들어오셔서 집에 가봤자 혼자 차려 먹어야 하니 학교에서 친구들과 함께 먹는 게 훨씬 맛있다.

즐거운 식사 시간

가끔 생일인 친구가 한 턱 내거나 내기 농구에서 진 아이들이
밥을 사는 경우 학교 밖에서 피자나 햄버거를 먹는 날도 있다.

✎ 야간 자율학습(18:40~22:00)

야간 자율학습은 고등학교 공부의 꽃이라 할 수 있다. 자율적
으로 운영되지만 건우는 학원이나 과외 대신 학교에서 공부하
는 것을 택했다. 고등학교 공부는 하면 할수록 '내가 하지 않으
면 아무 소용이 없다'는 생각이 들기 때문이다. 학기 초에는 인
강을 듣기도 했지만 요즘에는 교무실로 달려가 과목 선생님께
질문을 한다. 그게 인강보다 훨씬 빠르고 쉽다.

깜깜한 밤이 될 때까지 학교에 남아 공부를 하는 것도 고등학

교에 와서 처음 해본 일이다. 야간 자율학습, 줄여서 '야자' 시간은 공부하기에 최적의 시간이다. 이 시간을 얼마나 잘 활용하느냐에 따라서 실력의 차이가 생긴다.

8교시에 다 하지 못한 복습 내용이 있다면 그것부터 먼저 끝내고 본격적으로 내 공부를 시작한다. 내 공부의 기본은 항상 '교과서'다. 교과서로 충분히 개념을 정리하고 난 후에 문제집을 푼다. 건우는 매주 토요일 저녁이면 다음 한 주간의 계획을 짠다. 특히 야자 시간에 할 공부 계획에 신경을 쓴다. 교과서는 어느 소단원까지, 문제집은 그 소단원과 관련해서 몇 페이지까지라는 식으로 자세히 하루하루의 분량을 정해두고 계획을 짜는데 이렇게 해야 매일 '여기까진 해야 해'라는 목표 의식이 생기기 때문이다.

야자 시간에 졸음이 오면 일어서서 공부하거나(처음 입학했을 때는 교실마다 서서 공부할 수 있는 책상이 비치돼 있다는 점도 신기했다) 책걸상을 들고 복도로 나가 공부한다. 복도에서 공부하면 지나가는 선생님들께 질문하기 편하다는 이점도 있다. 야자 시간은 선생님에게도 여유로운 시간이어서 질문을 하기에도 부담이 없고 선생님도 충분히 설명을 해주신다.

건우는 매일 야자 감독 선생님이 누구인지 알아뒀다가 질문거리를 챙겨놓곤 한다. 야자 끝나고 늦은 시간에 과외를 하는 친구들도 있는 모양인데 건우는 야자 시간에 계획한 공부를 다 하면 집에서는 푹 쉰다. 마치지 못한 분량이 많을 때는 계획을 조정해 다음날 할 수 있도록 하고 조금일 때는 집에 가서 마저 다 하고 잔다.

이렇게 긴 하루가 끝이 난다. 고등학생의 일과는 학교에서 시작해서 학교에서 끝난다고 해도 과언이 아니다. 우리가 건우에게 본받을 점은 매 순간을 허투루 보내지 않는 성실함이다. 체육 시간에는 그냥 놀지 않고 수행평가 연습을 하며, 질문거리를 챙겨뒀다가 야자 시간에 질문을 하는 노력이 1등급을 만드는 것이다. 그렇다고 공부에만 파묻혀 살지도 않는다. 매일 아침 등굣길은 음악을 들으며 상쾌함을 누리고 쉬는 시간에는 꿀잠을 자며 점심시간에는 신나게 놀면서 땀을 흘리고 청소 시간에는 추리소설에 푹 빠진다.

많은 중3들이 선행 학습에 짓눌려 고등학교 생활을 두려워하고만 있다. 얼마나 안타까운 일인지 모른다. 고등학교 생활을 기대하자. 진지하게 공부하고 열심히 노는 내 모습을 그려보자. 나는 얼마나 더 성숙하고 멋있어질 것인가? 나의 고등학교 생활은 분명 내가 꿈꾸는 만큼 아름다울 것이다.

이제
고등학생이다

01. 수능까지 이어지는 선행 학습

✎ 선행 학습은 수능 공부의 시작

중학교 입학할 때를 생각해보자. 다들 미친 듯이 선행 학습을 했지만 그 효과는 길게 가지 못했다. 첫 시험에서 조금 효과를 냈을 뿐 그 이후의 성적은 선행 학습과 무관하다. 한 번 배웠던 거라 익숙한 느낌은 있지만 선행 학습을 했다고 해서 학교 수업이 더 쉬워지거나 시험공부의 부담이 덜어지는 것도 아니다. 고등학교의 선행 학습은 더 그렇다. 선행 학습의 여부는 그렇게 중요하지 않다. 해도 그만 안 해도 그만이다.

선행 학습으로 고등학교 공부를 편하게 시작하고 싶다거나 남들 다 하니까 뭐라도 해야 할 것 같다는 불안감은 의미가 없다. 수능 공부를 일찌감치 시작한다고 생각해야 한다. 그러니 공부 방법이나 교재도 수능까지 이어갈 것을 생각해야 한다.

✎ 얼마나 해야 하나요?

고등학교 공부는 학기, 학년 구분이 뚜렷하지 않다. 교육과 정상의 구분은 있겠으나 실제로는 1, 2학년 때 대부분의 진도를 끝내고 3학년 때는 수능 대비만 하기 때문이다. 한 과목을 수학 A, 수학 B로 나눠 다른 단원의 진도를 나가기도 한다. 따라서 중간고사 범위까지 선행 학습을 한다거나 1학기 범위까지 선행 학습을 한다는 기준을 둘 수는 없다. 할 수 있는 만큼, 하고 싶은 만큼 하면 된다.

사실 중요한 건 양보다 질이다. 학생들은 고등학교 입학 전 이미 상당한 분량을 공부했으면서도 '그건 그냥 한번 본 거예요' 라고 하며 스스로 그 공부를 인정하지 않는다. 그러면서 고등학교 와서는 새로 공부를 하는 것이다. 이렇게 진도만 뺀 선행 학습은 안 한 것과 같다. 내가 직접 읽고 이해하며 확인하는 공부 여야 한다. 그래야 고등학교 입학 후에도 이어갈 수 있으며 일찍 시작한 공부의 이점을 살릴 수 있다.

✎ 학원 진도를 내 공부라고 착각하지 말자

선행 학습에서 가장 많은 비중을 차지하는 수학의 경우 직접 공부를 해보면 수1만 한다고 해도 입학 전 반도 보기 어렵다. 하지만 학원에서는 놀랍게도 방학 동안 그 많은 분량을 다 끝낸다. 학원이니까 가능한 일이다. 학생들은 수업을 따라왔는지 어쨌는지 모르겠지만 어쨌든 선생님은 진도를 나갔으니까 말이다. 하지만 입학 전부터 쫓기며 공부할 필요는 없다.

굳이 학원에 의존할 필요도 없다. 오히려 처음 하는 공부이니 스스로 해봐야 한다. 어떤 부분에 도움이 필요한지 판단력을 가져야 하기 때문이다. 학원에 다니더라도 스스로 공부하는 시간을 길게 갖자(학원 수업을 두 시간 들었다면 그 분량을 혼자 공부하는 데는 네 시간 이상 걸린다). 학원 공부는 내 공부를 확인하는 용도로 활용해야 한다.

✎ 국어 교과서로 독서하자

일찌감치 기말고사를 마치고 고등학교에 입학하기를 기다리는 3~4개월 동안은 책을 읽을 수 있는 최적의 기간이다. 읽고 싶은 책을 마음껏 읽는 것도 좋겠지만 고등학교 입학을 앞뒀으니 고등학교 교과서를 읽어보자.

한국검인정교과서 사이트(www.ktbook.com)에 가면 교과서를 구입할 수 있는 서점과 온라인 주문 방법에 대한 안내가 있다. 중고 책도 상관없다. 여러 출판사에서 교과서가 나오는데 우선 국어(상) 한두 권만 구입하자. 목표는 모든 출판사의 교과서를 샅샅이 읽는 것이다. 문학작품은 물론 비문학 지문, 단원 뒤에 나오는 읽기 자료 등 교과서에 실린 모든 글들은 수능의 출제 범위에 해당된다. 하지만 고등학교 수업은 교과서 외에 EBS 등 보충 교재와 함께 진행되기 때문에 정작 고등학생들은 내가 가진 교과서 한 권도 제대로 보기 힘들다. 그렇더라도 시험공부하듯 읽을 필요는 없으며 독서하듯 편하게 읽으면 된다.

서점에 가보면 교과서에 실린 문학작품만 모아 놓은 책들도 있다. 그런 책도 도움이 되기는 하겠지만 교과서를 직접 읽는 것이 훨씬 실감나고 진지한 마음이 든다. 읽다 보면 겹치는 부분도 있고 자연스럽게 교육과정의 흐름을 알게 된다. 같은 학습 목표를 가지고 출판사별로 다르게 구성해 놓은 점을 발견하는 재미도 있다.

국어 교과서 독서는 입학 후에도 계속 한다. 국어(상)이 끝나면 국어(하) → 문학Ⅰ → 문학Ⅱ 순서로 읽어나가면 된다. 상당한 분량이므로 자투리 시간, 주말, 여름방학까지 이어가야 한다.

02. 수학 공부법

    중3은 빨리 끝난다. 한 학기를 마친 뒤 여름방학을 넘기고 나면 고등학교 입시를 치르느라 중간고사도 기말고사도 빨리빨리 지나간다. 학교에서도 중3 수업을 제대로 하지 않으니 학생들의 마음도 고등학교 공부 준비에 쏠릴 수밖에. 하려거든 제대로 하자. 선행 학습이라 해서 살살 하거나 대충 해서도 안 된다.

    지금 하는 공부가 수능까지 이어지는 바탕이라는 마음가짐이어야 한다. 특히 수학은 어렵다는 핑계로 학원에다 맡겨놓는 경우가 많은데 내 공부는 내가 챙겨야 한다. 탄탄한 개념 이해를 바탕으로 응용문제도 흔들림 없이 풀어낼 수 있어야 한다. 기본 개념과 응용문제 두 부분으로 나눠 살펴보자.

기본 개념

✎ 확실한 개념 이해

한국교육과정평가원은 수학의 출제 원칙에 대해 '기본 개념과 원리에 충실하고, 추리 · 분석 · 종합 · 평가 등의 사고력을 측정하도록 출제한다'고 명시한다. 수학 공부를 한다고 하면 단원별로 문제 푸는 것만을 생각하는데 먼저 문제의 전제가 되는 개념 이해가 분명해야 한다. 내가 수학 개념을 제대로 이해하고 있다는 것을 어떻게 확인할 수 있을까?

1. 기본 유제가 풀리는가?

정석을 포함해 학생들이 많이 보는 고등학교 수학 참고서는 기본 개념에 이어 간단한 유제를 제시하는 형식으로 돼 있다.

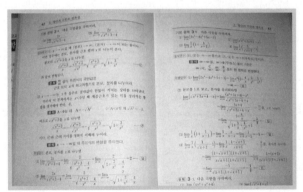

고등학교 수학 참고서

유제는 개념 확인을 위한 문제들이다. 이 유제들을 어려움 없이 풀 수 있고 아래와 같이 약간 변형된 문제도 부담 없이 풀고 이해할 수 있으면 개념이 정리된 것이라고 할 수 있다.

---

ex) $y=3x+7$에서 x값이 5일때 y값은? 이라는 유제는 다음과 같이 변형돼 나올 수 있다.

$$\frac{y-7}{3} = x$$에서 x값이 5일 때 y값은?

주의할 점은 처음 공부할 때 풀었다고 해서 정말 알고 있다고 말할 수는 없다는 거다. 왜냐하면 보통 수학 문제집은 한 페이지에 문제와 답이 한꺼번에 나오고 그 아래에 약간 변형된 유제들이 연이어 나오기 때문에 유제를 풀 때는 풀이 과정이 머릿속에 있는 상태인 거다.

따라서 개념을 제대로 정리하고 있는지 알아보기 위해서는 개념을 공부한 후 두 번째 공부할 때(다음날이나 이삼일 후) 아래쪽의 유제들만 풀어봐야 한다. 문제집에 나온 풀이 과정을 참고하지 않고 문제만 풀었을 때 어떤 개념이 사용됐고, 그래서 어떤 공식을 이용해야 하는지 알 수 있다면 비로소 '개념이 이해됐다'고 말할 수 있다.

2. 공식 유도가 가능한가?

고등학교 수학은 공식들이 참 많다. 개념 설명은 곧 공식 하나로 정리되고 그 공식은 점점 확장돼 나중에는 공식 목록이 나열될 만큼 많아진다. 그 많은 공식들을 무턱대고 외운다면 잘 외워지지도 않을뿐더러 까먹거나 다른 공식과 헷갈린다. 공식을 암기하기 위해서는 그 공식이 어떻게 생겼는지 원리를 우선 이해해야 한다. 다행히 수능에는 증명 문제가 없기 때문에 공식 하나하나를 직접 손으로 증명해낼 필요까지는 없지만 공식의 유도 과정을 이해한다면 혹시 까먹더라도 쉽게 기억해낼 수 있고 굳이 외우지 않더라도 그때그때 공식을 만들어낼 수 있다.

예를 들어 우리가 흔히 곱셈 공식의 변형이라고 외우는 $a^2+b^2=(a+b)^2-2ab$ 라는 공식이 $(a+b)^2=a^2+2ab+b^2$ 이라는 식에서 유도됐다는 걸 기억한다면 굳이 공식을 달달 외우지 않아도 언제든 쉽게 만들어낼 수 있다. 이처럼 공식의 유도 과정을 알면 공식들 간의 상관관계도 이해할 수 있다. 공식은 말로 서술한 개념을 간결하게 식으로 정리해낸 것이라 할 수 있다. 따라서 공식을 유도해낼 수 있다면 개념 정리는 완벽히 끝냈다고 봐도 무방하다.

3. 책을 보지 않고 막힘없이 설명할 수 있는가?

머리로 알고 있는 것과 그것을 말로 설명할 수 있는 것은 다르다. 음수끼리 곱하면 양수가 되는 건 당연하고 분명히 알고 있는 사실인데도 불구하고 막상 그것을 초등학생인 동생에게 설명한다고 생각하면 말문이 막힌다. 그 단원의 기본 개념을 친구나 동생에게 가르쳐준다고 생각하고 설명해보자. 설명을 하려면 예를 들기도 하고 그 개념이 사용된 예시 문제도 한번 풀어주어야 한다. 막힘없이 설명할 수 있다면 완전히 개념을 이해했다고 볼 수 있다.

✎ 수학 개념 이렇게 정리해보자

'총명불여둔필(聰明不如鈍筆, 명석함도 못쓴 글씨만 못하다)', 공부하는 학생이라면 반드시 기억해 놓고 실천해야 하는 말이다. 아무리 똑똑한 머리를 가지고 있어도 손으로 직접 정리해보거나 입으로 말하며 설명해보지 않으면 소용이 없다는 것이다. 수학 역시 예외는 아니다. 손과 입을 함께 혹사시키다 보면 머리가 기억하지 못해도 손이나 입이 기억하는 경우가 있다.

고등학교 수학을 머리로만 공부하겠다는 생각은 절대 하지 말아야 한다. 수학 개념 정리도 예외는 아니다. 수학 개념은 수능을 보기 전까지 여러 차례 반복해야 한다. 그러므로 자신만의 개념 노트를 만들어 아래와 같은 방법으로 정리해두는 것이 효과적이다.

1. 가지고 있는 수학 개념서(교과서, 문제집, 참고서 등)를 모두 꺼낸다.

2. 각 단원에서 설명하는 개념을 이해해본다.

개념이 이해가 되지 않을 경우에는 인터넷 강의를 보든지 선생님이나 친구에게 묻든지 어떻게 해서든 내 것으로 만들어야 한다. 수학적 원리를 문장으로 써놓다 보니 더 어렵게 느껴질 때도 있다. 문제를 먼저 풀어보고 역으로 개념 이해를 하는 것도 좋은 방법이다.

3. 눈으로 이해한 것을 직접 정리해본다.

개념서에 나온 내용을 그대로 옮겨 적으면 뇌가 움직이지 않는다. 자신이 이해한 내용을 자신의 말과 표현으로 바꾸어야만 머릿속에 정리될 수 있다. 그게 바로 공부가 되는 과정이다.

4. 개념서의 기본 유제들을 묶어둔다.

개념을 정리해둘 때 그 개념을 가장 잘 나타낸 예제를 몇 문제 골라 같이 정리해놓자. 다음에 다시 볼 때 상당히 유용하다.

5. 내가 이해한 단원의 개념을 친구에게 설명해준다.

설명을 하다 보면 내가 어디를 이해하고 있는지, 어떤 부분이 취약한지를 파악할 수 있다. 개념 공부에서 가장 중요한 포인트가 바로 친구에게 공부를 가르쳐주는 것이다. 가르치다 보면 더욱 스스로 이해가 잘되고 기억도 상당히 오래 남는 걸 느낄 수 있다. 절대 빠뜨리면 안 되는 단계다.

응용문제

✎ 응용문제에 기죽지 말자

고등학교 수학을 조금이라도 공부해본 학생이라면 유제 이상의 문제 풀기가 쉽지 않다는 것을 경험했을 것이다. '기본서에 있는 한 줄짜리 응용문제도 이렇게 어려운데 수능 문제는 어떻게 풀까?'라는 생각에 학생들은 금방 기가 죽는다. 하지만 세상에 못할 공부는 없다. 응용문제를 어떻게 공부하면 좋을까?

1. 무조건 많이 푸는 게 능사는 아니다.

수학 공부는 무조건 문제를 푸는 것으로만 생각하는 학생들이 많다. 시험 때마다 유인물 폭탄을 맞으며 공부했던 습관 때문일 것이다. 문제 풀이 연습도 필요하고 중요하다. 하지만 문제를 많이 풀어서 성적이 오르는 사람이 있고 아무리 문제를 많이 풀어도 늘 제자리인 사람이 있다. 무작정 문제만 많이 푼다고 수학을 잘하게 되는 건 아니란 거다. 왜 그럴까?

실력 향상까지는 어느 정도 단계가 필요하다. 문제를 많이 푸는 것도 그 단계 중의 하나이긴 하지만 가장 마지막 단계에서 쓸 수 있는 방법이다. 따라서 이제 막 고등학교 공부를 시작한 중3이라면 많은 문제를 푸는 것보다 한 문제라도 정확히 알고 넘어가는 것이 중요하다.

수학은 '기본 개념 정리'가 돼 있지 않은 상태에서는 응용이랍시고 문제를 풀어보는 것이 아무런 의미가 없다. 이것이 맞는 말이라는 건 누구나 다 아는데, 실제로 수학을 공부하다 보면 마음이 급해져서 문제집에만 매달리게 되는 경우가 많다. 꼭 기억하자. 지붕부터 집을 지을 수는 없다.

2. 응용문제도 규칙이 있다.

학생들은 응용문제를 두려워한다. 생소하고 어렵다는 것이다. 하지만 교과과정의 수학은 특별히 새로운 것이 없다. 선배들도 모두 풀어냈던 문제들이다. 모든 수학 문제는 다음과 같이 두 가지 형태로 구성돼 있다.

- 하나의 개념에서 변형된 형태의 문제
- 개념과 개념이 섞인 형태의 문제

학생들이 그렇게 어려워하는 응용이란 것은 결국 기본 개념에서 살짝 변형되거나 두 가지 이상의 개념이 혼합돼 있는 문제라는 것이다. 앞에서 개념을 강조한 이유도 이 때문이다. 응용 문제에서는 어떤 개념이 쓰였는지 찾아내기만 하면 되는 것이다. 이게 바로 응용문제의 풀이법이다.

3. 수학은 암기 과목이다.

'수학=이해 과목'이라는 변하지 않을 것 같던 공식이 언젠가부터 슬슬 '수학≠이해 과목'으로 바뀌기 시작했다. 그리고는 점점 '수학은 암기 과목이다'라는 명제가 힘을 얻기 시작했다. 얼핏 들으면 잘 이해가 안 되기도 하지만 엄밀히 따져보면 수학을 공부하는 방법에 관한 한 맞는 말이라고 할 수 있다. 단순히 '맞다' 정도가 아니라 수학 공부의 가장 효과적인 방법을 가장 잘 표현한 말이다. 실제로 수능에서 EBS 연계 비율이 높아지면서는 EBS 교재의 문제들을 통째로 외우는 학생들도 늘어났다.

일반적으로 수학 문제집은 먼저 개념을 설명하고 해당 개념에 대한 기본 유제가 나온다. 다음에는 그 단원에서 배운 개념을 응용한 형태의 문제들이 나오고 마지막으로 다른 단원과 복합적으로 섞어놓은 문제가 나온다. 3권의 문제집을 골라 직접 비교해보자. 개념을 똑같은 방법으로 설명하고 기본 유제도 거의 유사한 문제가 반복된다는 결론을 얻을 수 있다. 수능에서 가장 많이 출제되는 '개념을 응용한 형태의 문제' 역시 세 권의 문제집에서 모두 다룰 정도의 문제들이라면 다른 문제집에서도 유사한 형태로 나올 것이다. 그렇기 때문에 수많은 문제집을 풀기보다는 소수의 문제집을 집중적으로 푸는 것이 중요하다.

앞에서 설명한 바와 같이 기본 유제는 어떤 문제집을 봐도 문제 형태가 똑같다. 기껏해야 숫자가 바뀌는 정도다. 하지만 아쉽게도 이런 문제는 실제 시험에 거의 출제되지 않는다. 1, 2번의 계산 문제로 나오기는 하지만 누구나 맞출 수 있는 수준이다. 1, 2번 문제 맞히려고 고생해서 수학 공부하는 건 아닐 터이다. 실제 시험에서 많은 부분을 차지하는 것은 바로 하나의 개념을 응용한 형태의 문제다. 바꿔 말하면 학생들이 반드시 정복해야 하는 문제들이라는 것이다.

응용문제라고 해서 겁먹을 것 없다. 우선 앞에서 설명한 것처럼 세 권의 문제집에서 이런 형태의 문제들을 모두 모아보자. 적지 않은 수가 나올 거다. 하지만 중요한 건 그 수가 많다는 게 아니라 대부분의 개념 응용문제는 그 틀을 벗어나지 않는다는 사실이다. 고등학교 입학 전 이 작업만 해두어도 수학이 눈앞에 훤하게 그려질 거다. 남은 일은 그 세 권의 문제집에서 틀리는 문제가 없을 때까지 반복해서 공부하는 거다. 마치 덧셈, 뺄셈을 하듯 문제만 봐도 풀이 과정을 머릿속에 그릴 수 있을 정도가 돼야 한다.

다음으로 심화 문제다. 심화 문제로 분류되는 문제들은 서로 다른 두 개념을 복합적으로 섞어서 만든 문제다. 주로 단원 간의 통합 문제가 많다. 만들기 시작하면 새로운 문제가 끝도 없이 나올 수 있는 것이 바로 이 유형이다. 신유형의 문제가 가장 많이 출제되는 부분이기도 하다. 역시 겁먹을 건 없다. '신유형' 이라니까 괜히 어려워 보이는 것이지 사실은 지금까지 섞은 적이 없는 두 개념을 섞어놓은 문제에 불과하다. 이런 문제들은 어떤 개념과 개념을 섞었느냐에 따라 문제가 어렵게 느껴질 수 있다. 그러나 이 역시 일정한 패턴이 있다. 반복적인 문제 풀이를 통해 감을 잡을 수 있다는 말이다.

응용문제라고 해서 천재적인 사고력을 가져야만 풀 수 있는 건 아니다. 아무리 고등학교 수학이라고 해도 교육과정 범위 안에 있는 것이고 그 내용이 수능에도 나온다. 그러니 반복 학습을 통한 암기로 해결할 수 있다.

4. 수학 공부는 손으로 한다.

중학교 때까지는 풀이 과정을 연습장에 적으라는 말이 잔소리처럼 들렸을 것이다. 머릿속으로 해결할 수 있는 부분이 더 많다보니 쓰는 게 일처럼 여겨지기 때문이다. 하지만 고등학교 수학은 풀이 과정이 길다. 한 문제를 풀기 위해 연습장 한 페이지를 모두 소진하는 경우도 흔하다. 그러니 풀이 과정을 연습장에 낙서하듯이 여기 찔끔 저기 찔끔 흘려 써서는 안 된다. 연습장에 쓰더라도 나중에 알아볼 수 있을 정도로 깔끔하게 적어둬야 한다.

직접 손으로 적으면서 풀다 보면 내가 어떤 부분에서 잘못 풀었는지 알 수 있다. 이전과 똑같은 실수로 틀렸는지, 그때는 이렇게 해서 못 풀었었는데 이번에는 어떤 방법을 썼더니 쉽게 풀렸는지 등을 알 수 있는 거다. 이 과정을 통해 내 약점을 발견할 수도 있고 점점 발전돼가는 자신의 실력도 느끼게 된다.

이렇게 손으로 문제를 푸는 습관은 실제 시험에서도 빛을 발한다. 많은 학생들이 실제 시험을 보면 잘 풀고도 계산 실수 때문에 아깝게 문제를 놓치곤 한다. 평소에 반복적인 '손으로 풀기 훈련'을 한다면 실수를 줄일 수 있다.

✎ 단순 개념 응용문제 공부법

1. 문제집 한 권을 선택한다.

시중에 나와 있는 문제집의 내용은 비슷하기 때문에 어떤 문제집을 선택할지에 대해 너무 고민하지 않아도 괜찮다. 다만 한 권의 문제집으로 적어도 세 번 이상 반복해서 공부할 것이기 때문에 오래 봐도 지루하지 않을 만한 책을 선택하는 것이 좋다. 디자인이나 편집, 글씨체 등 자신의 취향을 고려해서 선택하도록 한다.

2. 개념을 이해하고 기본 유제를 풀어본다.

개념의 중요성은 아무리 강조해도 지나치지 않다. 이미 알고 있는 개념이라도 그냥 넘어가지 말자. 계산식이 많았던 중학교 수학과 달리 고등학교 수학은 논리의 연결이 많기 때문에 반복해서 봐도 식상하지 않다. 다 아는 것 같아도 다시 읽어보면 또 끄덕이게 되는 것이다. 개념 설명을 훑어본 후에는 기본 유제를 풀어보면서 개념이 확실히 정리됐는지 다시 한 번 확인해보도록 한다.

3. 해당 개념을 응용한 문제들을 풀어본다.

1학년이 주로 사용하게 되는 문제집은 모의고사형 문제집이 아니라 단원별로 정리된 문제집이기 때문에 응용문제라 하더라도 해당 단원의 개념만이 포함된 문제다. 그렇기 때문에 그 단원의 개념을 얼마나 충분히 이해하고 있는지를 가늠해볼 수 있는 척도가 된다.

4. 풀리지 않는다고 무작정 답안지를 보지 말자.

어차피 세 번 이상을 반복할 것이기 때문에 처음에 잘 풀리지 않는다고 좌절할 필요는 없다. 다만 스스로 풀기 전까진 절대로 답안지를 보지 않아야 한다. 항상 답안지에만 의존하다가는 실력이 발전하지 않는다. 어렵게 느껴져도 해당 단원 안의 개념만을 응용한 문제이기 때문에 응용문제 중에는 쉬운 편에 속한다. 여기에서부터 생각하는 연습을 하지 않으면 실력의 발전은 기대할 수 없다. 생각나는 개념과 공식들을 모두 동원해보자.

5. 풀이 과정은 나중에라도 알아볼 수 있도록 반드시 기록으로 남겨야 한다.

연습장에 문제를 풀든 아니면 문제집 문제 옆에다 풀든 반드시 그 풀이 과정을 자세히 적어놓는 습관을 길러야 한다. 지겹고 시간이 좀 많이 걸리더라도 처음부터 꾸준히 습관을 길러놓은 학생과 그렇지 않은 학생은 3학년이 되면 계산 속도는 물론 계산 실수에서도 많은 차이를 보인다. 그때는 실수도 실력이다.

6. 3단계로 구분해서 표시를 해두자.

문제집은 한 번 보고 끝날 것이 아니다. 반복적으로 볼 것이기 때문에 풀 때마다 다음과 같이 내가 느낀 난이도를 표시해놓는 것이 좋다.

1) 너무 쉽게 풀리는 문제
2) 답은 맞았지만 애매했던 문제
3) 도무지 풀지 못하겠던 문제

다음에 공부할 때 2)와 3)으로 체크돼 있는 문제는 반드시 다시 확인해야 한다. 꼭 숫자가 아니더라도 별표나 동그라미로 자신만의 표시를 할 수 있으면 된다.

7. 답안지를 보고 비교해본다.

문제를 다 푼 후에는 답안지와 비교해서 틀린 문제의 경우 어떻게 틀렸는지를 반드시 기억해둬야 한다. 뿐만 아니라 약간 애매하다고 느꼈던 문제도 반드시 풀이 과정을 확실하게 공부해둬야 한다.

✎ 심화 문제 공부법

심화 문제는 개념과 개념이 복합적으로 섞여 출제되는 문제를 말한다. 이러한 심화 문제, 즉 단원 간 통합 문제 역시 문제를 반복해서 푼다거나 풀이 과정을 적어놓거나 한다는 점에서는 앞에서 말한 단순 개념 응용문제의 공부 방법과 다르지 않다. 하지만 단순 개념 응용문제와는 확실히 다르고 반드시 기억해둬야 하는 게 한 가지 있다.

단순 개념 응용문제는 그 단원 안의 문제이기 때문에 어떤 개념의 문제인지 쉽게 알 수 있지만 심화 문제는 다르다. 기본적으로 그 단원의 개념이 포함되겠지만 나머지 하나는 어떤 단원의 어떤 개념일지 모른다. 그러므로 어떤 개념과 복합된 문제인지를 파악하는 것이 중요하다.

이것은 단지 문제집에서 심화 문제를 풀 때만 해당되는 얘기가 아니다. 문제집과는 달리 실제 시험에 나오는 문제들은 단원 순서대로 출제가 되거나 따로 출제 단원을 기재해 놓지 않기 때문에 내가 처음 만난 문제라 하더라도 어떤 개념을 응용한 문제인지, 개념과 개념의 복합 문제인지, 만약 그렇다면 어떤 개념들이 혼합돼 있는 문제인지를 찾아내야 한다.

사람을 처음 만났을 때 그 사람의 성격이나 취향에 대해 어느 정도 파악할 수 있다면 그 사람을 대하기가 좀 더 수월해진다. 그렇다면 어떻게 해야 빠른 시간 안에 상대방을 정확하게 파악할 수 있을까? 사람들을 많이 만나서 겪어본 경험들이 차곡차곡 쌓였을 때 '이 사람은 이런 사람이구나'라는 판단을 내리기가 쉽다. 여러 사람들을 만나면서 자기만의 기준을 세워놓고 이 사람은 누구와 비슷한 사람인지 생각해보는 방법을 쓸 수도 있다.

수학도 마찬가지다. 어떤 개념이 혼합돼 있는 문제인지만 알 수 있다면 문제를 푸는 것은 어려운 일이 아니다. 그러니 우리가 접하게 되는 문제들을 좀 더 쉽게 파악하기 위해서는 많은 경험을 쌓아야 한다. '이런 문제들은 이렇게 하면 풀리더라'라는 나름의 노하우도 쌓으면서 말이다.

이렇게 문제 속에 숨은 개념들을 찾아내는 능력은 반복적인 훈련을 통해 향상될 수 있다. 분명한 것은 어떤 개념이 적용됐는지 알아내지 못한다면 문제를 절대 풀 수 없다는 것이다. 개념과 개념의 복합 문제를 풀 때 가장 먼저 해야 할 일은 어떤 개념들이 섞여서 출제된 문제인지를 파악하는 것이다. 그리고 그것을 반드시 문제 풀이 앞에 기록해두도록 하자.

✎ 오답 노트 만들기

어떤 과목이든 오답 노트는 중요하지만 수학만큼 오답 노트가 중요한 과목은 없다. 문제집을 딱 한 번만 풀어보고 오답 노트를 만든다면 오답 노트라기보다는 '오답 문제집'이 되고 만다. 풀다가 틀린 문제를 모아놓기만 한 거라면 나중에 노트의 두께만으로도 감당할 수 없는 좌절감을 맛보게 될 터이다. 그러니 오답 노트는 문제집을 여러 번 반복해서 풀어보고 풀 때마다 틀리는 문제들만으로 만들어야 한다.

특히 이 오답 노트를 잘 만들어 두면 수능을 보기 직전 수학을 최종적으로 한 번 점검할 때 다른 어떤 것보다 유용한 자료가 된다. 이것만큼은 꼭 따라하자.

1. 삼공노트를 준비한다.

삼공노트는 좌측에 구멍을 세 개 뚫고 링으로 묶어서 철한 방식의 노트다. 종이 낱장을 자유롭게 끼웠다 뺐다 할 수 있기 때문에 분량이 늘어나도 깔끔하게 정리할 수 있다는 장점이 있다.

2. 각 단원별로 찾아보기를 만든다.

오답 노트는 단순히 틀린 문제를 엮어놓은 것이 아니라 나만의 수학 정리집이 될 수 있도록 만들어야 한다. 그러기 위해서는 틀린 문제를 개념별로 따로 정리해야 하기 때문에 단원별로 찾아보기를 만드는 것이 좋다.

3. 단원의 첫 장에는 기본 개념을 정리해둔다.

각 단원의 첫 장에는 그 단원의 기본 개념과 공식을 정리해두도록 한다. 이때 문제집이나 참고서의 내용을 그대로 옮겨 쓰는 것이 아니라 내가 이해한 대로, '나의 말'로 풀어 써야 한다.

4. 틀린 문제를 해당 부분에 모아둔다.

어떤 개념이 들어간 단원을 가장 많이 틀렸는지 파악할 수 있다는 장점이 있다.

03. 국어 공부법

국어는 크게 말하기·듣기, 문법, 읽기, 쓰기로 분류된다. 중학교 때는 말하기·듣기는 기본 실력으로 풀고, 문법에서 헷갈리는 문제가 많이 나와 애를 먹었을 것이다. 읽기는 지문이 길게 나오는 문제들로 국어 시험지의 장수를 늘리는 주범이다. 쓰기는 수행평가로 지나가는 경우가 많다. 어쨌든 비교적 균등한 비율로 공부를 했지만 고등학교 국어 공부의 대부분은 읽기가 차지한다. 수능이 제시문을 읽고 푸는 문제들로 출제되기 때문이다.

읽기는 제시문의 특성에 따라 크게 문학과 비문학으로 구분된다. 문제집들도 문학과 비문학으로 구분돼 나온다. 어차피 똑같은 문제는 나오지 않으니 어떤 책으로 공부하든 문제를 푸는 데 초점을 두지 말자. 문학은 작품 자체를 공부해둬야 하며 비문학은 제시문이 어떻게 문제화되는지를 파악해야 한다. 문학, 비문학으로 나눠 구체적인 공부법을 살펴보자.

문학

먼저 문학을 이루는 요소부터 살펴보자.

분야	분류	
문학	고전 문학	고전 운문
		고전 산문
	현대 문학	시
		소설
		수필
		극문학

문학은 고전 문학과 현대 문학으로 나뉜다. 세부적으로 고전 문학은 고전 운문과 고전 산문으로, 현대 문학은 시, 소설, 수필, 극문학으로 분류할 수 있다. 우선 문학이 이렇게 분류된다는 것을 먼저 이해하고 있는 게 좋다. 문학의 분류에 따라 각각 공부법이 다르기 때문이다.

✎ 고전 운문

■ 종류

고대가요, 향가, 고려속요, 가사, 시조, 악장, 민요 등을 고전 운문으로 분류할 수 있다.

■ 고전 운문의 특징

고전 운문은 현대시와는 다르게 은유적인 표현이나 함축적인 표현이 없고 작가가 자신의 감정을 직설적으로 표현하기 때문에 작가의 의도나 주제를 파악하는 데 어려움이 없다. 그래서 시험에 출제됐을 때 오히려 현대시보다 훨씬 쉽게 점수를 얻을 수 있다. 그럼에도 불구하고 학생들이 고전 운문을 어려워하는 이유는 현재 사용하지 않는 고어로 표현돼 있기 때문이다.

분명 한글로 쓰여 있는데 생소한 표현들로 가득해서 읽어도 뭘 읽었는지 알 수가 없다. 고어를 모르니 당연히 내용 이해도 안 된다. 예비 고1이라면 당연히 고전 문학 앞에 주눅 들 수밖에 없다.

> 오르디 못ᄒ거니 ᄂ려가미 고이ᄒᆞᆯ가
> 원통골 ᄀᆞᄂᆞ 길로 사자봉을 ᄎᆞ자가니
> 그 알ᄑᆡ 너러바회 화룡(火龍)쇠 되여셰라
> 천 년 노룡(老龍)이 구비구비 서려 이셔
> 주야의 흘녀내여 창해(滄海)예 니어시니

고전 운문 예: 정철 〈관동별곡〉 중 일부. 2015학년도 수능 기출

■ 이렇게 공부하자

학생들은 작품 속의 고어들을 모두 외워야 하느냐고 묻기도 한다. 국어 학자들도 아니고 요즘은 쓰지도 않는 말을 외우라고 할 리가 있을까? 고어는 눈으로 익히고 그것을 봤을 때 현대어로 번역한 내용이 떠오를 정도로만 공부하면 된다. 글자를 외우는 것이 아니라 작품의 흐름을 기억해두는 것이다.

하지만 고전 문학을 해석하는 능력은 훈련에 의해 길러지기보다는 암기를 해야 하는 경우가 더 많다. 우리가 외국어를 공부할 때처럼 말이다. 물론 고어를 많이 해석하다 보면 글의 분위기나 문맥에 따라 '아, 이 부분은 이렇게 해석하면 되겠다' 하는 식으로 감이 길러지기도 하지만 고전 운문의 공부 방법 자체는 '암기'로 이해해놓는 편이 옳다.

고전으로 된 글을 보고 있지만 현대문으로 된 해석이 떠오를 정도로 공부해놓는다면 시험에서 지문을 접한 후 다시 해석하느라 시간을 낭비하지 않아도 된다.

글을 완벽히 해석했다면 고전 운문에서 중점적으로 공부해둬야 할 것은 작품의 주제다. 특히 고전 운문의 경우 작품 자체가 지문으로 출제되는 경우도 있지만 문제의 보기로 출제되는 경우도 많기 때문에 유사한 주제들끼리 묶어서 정리해놓는 것도 한 방법이다. 작품이 쓰인 시대적 상황이나 배경 등을 알아놓는다면 더 쉽게 기억할 수 있다.

고전 운문 옆에 완벽한 해석을 적어본다.
꼭 손으로 적어야 한다.
머리로 해석하는 것과 손으로 적어보는 것의 차이는 생각보다 크다.

내용을 100퍼센트 이해한다.
해석본을 통해 글을 완벽하게 이해하고
작품의 주제를 정리해둬야 한다.

작품의 배경 지식을 정리해둔다(글의 성격, 형식, 특징, 시대적 상황 등).
배경 지식은 작품을 이해하는 데 도움이 될 뿐 아니라
다른 지문과 복합적인 문제를 풀 때도 상당히 유용하다.

고전 산문, 현대 소설

■ 종류

홍길동전, 구운몽, 사씨남정기, 춘향전, 적벽가 등을 고전 산문으로 분류할 수 있다. 운문과 산문의 중간 형식이라 애매하긴 하지만 가사 문학 역시 고전 산문의 공부 방법과 유사하기 때문에 함께 묶어서 공부하는 것도 괜찮다.

■ 고전 산문의 특징

고전 산문 중에는 시대적인 상황에 영향을 받아 쓰인 작품들이 많다. 이것은 작품의 주제가 시대적 상황과 연관돼 있다는 뜻이다. 공부할 때도 이 부분을 염두에 두는 게 좋다. 뿐만 아니라 고전 산문의 주제는 뻔한 편이다. 권선징악적이고 해피엔딩인 경우가 많기 때문이다.

따라서 작품의 창작 배경만 알고 있다면 작품 자체를 쉽게 이해할 수 있다. 고전 산문의 또 한 가지 특징은 허구성이다. 예를 들어 구운몽은 '팔선녀를 만나 온갖 부귀영화를 누렸는데 깨어보니 꿈이었더라'와 같이 비현실적인 상황이 펼쳐진다.

■ 현대 소설의 특징

현대 소설은 고전 산문과는 달리 사건이나 상황이 메마르다고 할 만큼 매우 현실적이다. 작품의 전체적인 분위기가 어두운 경우도 많다. 고전 산문은 작품의 주제, 즉 하고자 하는 말에 초점이 맞추어져 있지만 현대 소설은 여러 에피소드들을 통해 인물의 성격을 드러내고 여러 사건들을 겪으며 생기는 인물의 심리 변화에 초점을 맞추며 주제를 표면에 내놓지 않는다.

따라서 현대 소설을 공부할 때 그 주제를 둘러싼 사건들, 그 사건들 사이에서 발생하는 인물들 간의 갈등을 살펴야 한다.

■ 이렇게 공부하자

고전 산문이나 현대 소설은 다음의 세 가지를 염두에 두며 공부해야 한다. 산문에서 중요한 3요소는 '등장인물, 사건, 작품의 배경'이다. 등장인물이 중요하다고 이야기하면 좀 의아하게 생각하는 경우가 많은데 등장인물이 누구냐를 의미하는 게 아니라 그들의 성격에 대해 알아볼 필요가 있다는 뜻이다.

등장인물의 성격에 따라 작품의 주제를 드러내기 위해 맡는 역할이 달라지기 때문이다. 따라서 좀 특이한 성격의 인물이라면 시대적 배경이나 주요 사건 등 그 이유를 살펴봐야 한다. 그리고 인물들 사이의 갈등 관계 역시 작품이 어떻게 진행돼갈지를 한눈에 보여주기 때문에 잘 알아둬야 한다.

작품 속 여러 가지 사건들은 주제를 드러내기 위한 장치들이다. 뭐 하나 괜히 일어나는 사건은 없으니 사건 하나하나를 허투루 보지 말고 이것이 작품의 주제와 어떤 관련이 있는지를 생각해봐야 한다.

마지막으로 점검해봐야 할 것은 작품의 배경이다. 고전 산문은 시대적 상황이 특히 중요하기 때문에 빠뜨리는 경우가 적지만 현대 소설은 사건과 인물에 초점을 맞추느라 종종 작품의 배경에 소홀해지곤 한다. 하지만 수능 시험에 주로 출제되는 현대 소설은 주제가 강하고 시대적인 특징이 뚜렷한 작품들이기 때문에 작품의 배경은 놓치지 말고 체크해둬야 한다.

지문에서 등장하는 등장인물의 이름에 동그라미 표시를 한다.
산문에서 중요한 3요소 가운데 가장 중요한 등장인물에 대한 부분이다.
반드시 체크해두도록 하자.

▼

각 단락마다 내용을 요약해본다.
산문에서 사건의 상황을 단락별로 정리해두면 글의 전개 상황이나
갈등을 쉽게 파악할 수 있다.

▼

단락의 내용을 바탕으로 사건을 파악한다.
사건이 일어나기까지의 과정부터 상황 등을 정리해볼 수 있다.

▼

등장인물 간의 대립 관계, 상황을 정리해본다.
인물들 간의 대립 관계를 통해 사건의 방향을 이해할 수 있다.

✎ 현대시

■ 현대시의 특징

현대시의 가장 큰 특징은 도대체 이게 무슨 말인지 알 수가 없다는 것이다. 은유적이고 함축적인 표현과 소재가 많은데다 하고자 하는 말이나 감정을 직접 드러내지 않고 특정 대상에 투사하거나 감정을 이입하는 경우가 많기 때문이다. 이처럼 작가가 온갖 기법을 활용해 자신의 의도를 숨기고 있기 때문에 그냥 읽어서는 무슨 의미인지 파악하기가 쉽지 않다.

그나마 다행인 것은 확실한 주제(감정, 의도)를 표현하고 있다는 점이다. 주제를 표현하는 방법은 난해하기 그지없지만 주제만큼은 확실하다는 거다. 시험에 출제되기 위해 선별된 작품들이기 때문에 그런 경향이 더욱 강하다.

■ 이렇게 공부하자

현대 문학은 고전 문학과는 달리 범위가 방대하기 때문에 모든 작품을 공부하고 시험장에 들어가는 건 불가능하다. 고전 운문처럼 작품을 '암기'하는 공부 역시 불가능하다. 따라서 현대시의 공부 방법은 암기가 아니라 '훈련'이 돼야 한다. 즉 처음 보는 작품이라도 해석해낼 수 있는 능력을 길러야 한다는 것이다.

그러기 위해서는 지금부터 꾸준한 연습이 필요하다. 현대시를 처음 접할 때 무조건 해설부터 보는 습관을 버리도록 하자.

인터넷 강의나 학원 수업으로 선행 학습을 하고 있다면 작품을 직접 읽지 않고 작품에 대한 설명부터 듣게 되는데 그래서는 생각하는 힘이 늘지 않는다. 예습을 통해 먼저 작품을 읽어보자. 수업을 듣기 전 스스로 해석하려는 노력을 해야 한다. 다음의 표를 참고해 따라하자.

> 작가의 감정 대리인인 화자를 찾아 동그라미 표시를 한다.
> 현대시의 특징 중 하나는 '감정이입'이다. 시를 이해하기 위해
> 가장 먼저 해야 할 일은 작가의 감정 대리인인 화자를 찾는 것이다.

▼

> 화자의 대상을 찾는다.
> 시 속에는 화자의 말을 들어주는 대상이 있다.
> 그 대상에게 화자는 자신의 감정을 표현한다.

▼

> 화자가 대상, 즉 무엇에 대해 또는 누구에 대해
> 어떤 정서나 태도를 취하고 있는가?
> 이것을 파악하는 것은 곧 주제를 파악하는 것이다. 화자가 대상에 대해
> 취하는 태도를 통해 화자의 감정이나 상황을 이해할 수 있다.

▼

> 시에서 말하고자 하는 것이 무엇인지 정리해본다.
> 내가 추측하는 것을 적어본다.

▼

> 내가 정리한 것과 해설(수업)의 풀이를 비교해본다.
> 내가 추측한 것이 맞는지 비교해본다.

▼

> 잘못된 부분은 수정한다.
> 해설에서 풀이한 것과 다른 부분을 파악하고 다시 정리한다.

✎ 현대 수필

■ 현대 수필의 특징

수필은 작가의 생활 주변에 존재하는 일상적인 소재나 대상에서 자기만의 관점과 해석을 통해 새로운 의미를 발견해가는 과정을 기술한 작품이다. 자신의 생각을 자세하고 알기 쉽게 풀어서 설명하기 때문에 문학 장르 중에서는 공부하기에 가장 쉽다.

■ 이렇게 공부하자

수필은 다양하고 평범한 소재들을 작가만의 개성 있는 관점에서 바라보고 있기 때문에 심리나 관점, 태도를 파악하는 것이 핵심이다. 최대한 작가의 입장에서 그 대상을 바라보고 이해하

자. 작가의 심리와 눈을 따라가면서 그것을 제대로 이해하기만 한다면 문제를 푸는 데 큰 어려움은 없다.

글의 소재나 대상을 찾아 동그라미 표시를 한다.
현대 수필은 소재나 대상이 글 전체를 이끌어가고 있으므로 작가가 말하고 있는 소재나 대상이 무엇인지 반드시 파악해야 한다.

▼

소재나 대상에 대한 작가의 태도를 파악한다.
소재나 대상에 대해 작가가 어떤 태도를 취하고 있는지 생각해본다.
이것은 주제와 연결되기 때문에 매우 중요하다.

▼

소재나 대상에 대한 작가의 태도를 알 수 있는 단서가 되는 문장을 파악한다.
단서가 되는 문장에 밑줄 등의 표시를 해둔다.

▼

각 단락의 내용을 요약해본다.
단락 요약은 잘 기억이 나지 않는 글을 생각해내는 데 도움이 된다.

✎ 현대 극문학

■ 극문학의 특징

극문학은 연극의 대본인 희곡, 영화의 대본인 시나리오와 같이 무대 위에서 상연을 목적으로 만들어진 글이다. 등장인물 한 사람 한 사람의 성격과 심리 묘사가 뛰어나고 등장인물들 간의 갈등을 중심으로 내용이 전개된다. 이 점은 소설과 비슷한데 극문학의 경우 소설처럼 성격과 심리가 글로 자세히 서술되지 않고 극 중 인물의 대사에 드러난다는 점에서 차이가 난다.

■ 이렇게 공부하자

극문학은 무대 상연이 목적인 글이다. 따라서 연출자의 입장에서 무대를 상상하며 읽는 것이 극문학을 가장 잘 이해하는 방법이다.

등장인물에 표시를 한다.
어떤 인물들이 등장하는가에 따라 극의 흐름이 결정된다.

▼

인물의 성격과 심리 상태를 파악한다.
인물의 성격, 심리 상태는 사건으로 이어진다.
심리 상태를 알 수 있는 단서에는 표시를 해두자.

극이 일어나는 배경을 파악한다. 극문학에서 사건의 배경은 제한적일 수밖에 없다(무대 상연이 목적이므로). 무대 장면을 떠올리며 극이 일어나는 배경을 파악하자.

▼

언제, 어디서, 어떤 사건이 일어나는지 요약해본다. 글 전체의 흐름을 정리해야 한다.

▌비문학

비문학은 말 그대로 '문학작품이 아닌 것'을 말한다. 인문, 사회, 과학, 기술, 예술, 생활, 언어 등 여러 분야의 지문이 나오는 데다 문학과 달리 그 범위를 한정할 수 없기 때문에 많은 학생들이 비문학을 부담스러워한다. 하지만 출제되는 문제들은 그 수준이나 유형이 정해져 있다. 다시 말해 지문의 내용만 확실하게 파악하면 문제를 맞히기는 쉽다는 거다.

✎ 비문학의 특징

비문학 분야는 대부분 논설문이나 설명문이다. 따라서 문학작품처럼 작가만의 개성을 담은 표현이나 은유적인 표현 등이 등장하지 않는다. 글의 목적이 '글의 내용을 가장 효과적으로 전달하는 것'이기 때문이다. 과학자들은 문학작품을 쓰는 작가들과는 달리 기교 있는 글보다는 사실적인 글을 쓴다. 비문학의 핵심을 이루는 논설문과 설명문의 특징을 살펴보자.

논설문에는 필자가 주장하는 바가 나타나 있다. 논설문을 구성하는 방법은 두 가지로 나눌 수 있는데, 필자가 주장하는 핵심 내용을 문장의 서두에 두고 이를 뒷받침하는 근거들을 나열하는 것이 하나의 방법이고 다른 하나는 근거들을 앞에 기술하고 주장을 마지막으로 끌어내는 방법이다. 어떤 방식으로 자신의 주장을 표현하는지는 중요한 점이니 염두에 두도록 하자.

논설문은 자신의 주장을 드러내는 글이기 때문에 그 주장이 무엇인지, 그것을 주장하기 위해 필자가 사용한 근거가 무엇인지 그리고 그 주장과 근거 사이에 어떤 논리적 관계가 있는지를 파악하는 것이 관건이다.

논설문과 달리 설명문은 자신이 말하고자 하는 바를 쉽게 설명하는 데 목적을 두고 있다. 특히 설명문에는 특징적인 단어가 나온다. 글쓴이가 설명하고자 하는 내용 또는 용어에서 핵심 단어가 나오기 마련이다. 핵심이 되는 한 단어가 글 전체를 이끌어가는 것임을 유념하고 그것을 어떤 방법을 사용해 설명하고 있는지 파악해야 한다. 여기서 비교, 비유, 대조, 분류 등의 방법들이 나온다.

✎ 비문학 학습법

■ 지문에 충실하자

국어 공부 방법에 대해 이야기할 때면 꼭 나오는 말이 있다. '자신의 주관대로 생각해서 풀지 말라'는 것이다. 이 말은 특히 비문학 분야에 100퍼센트 적용된다. 모든 정답은 '지문 안에' 있다. 2015학년도 수능 기출문제를 보자.

디지털 영상은 2차원 평면에 격자 모양으로 화소를 배열하고 각 화소의 밝기인 화솟값을 데이터로 저장한 것이다. 화솟값은 0에서 255 사이의 값으로 나타내는데 0일 때 검은색으로 가장 어둡고 255일 때 흰색으로 가장 밝다. 화소들 사이의 밝기 차이를 명암 대비라 하며 명암 대비가 강할수록 영상은 선명하게 보인다. 해상도란 디지털 영상을 구성하는 화소수를 말하며 '가로×세로'의 화소수로 나타낸다.

$n \times n$개의 화소를 가진 입력 영상을 모니터에 나타내면, 모니터에 있는 $n \times n$개의 화소에 입력 영상의 화소들이 일대일로 대응된다. 하지만 모니터에 입력 영상을 확대하거나 축소하여 나타낼 때는 일대일 대응이 되지 않는다. 이를 해결하기 위해 모니터에서 영상이 표시될 영역의 화소와 일대일 대응하는 '가상 영상'을 만들고 입력 영상의 화솟값을 이용하여 가상 영상의 화솟값을 모두 채운 다음 가상 영상을 모니터에 표시한다.

입력 영상　　가상 영상
〈그림〉

예를 들어 $n \times n$의 영상을 가로세로 방향으로 각각 두 배씩 확대해서 모니터에 표시하려면 $2n \times 2n$의 가상 영상을 만들어 다음과 같이 화솟값을 채운다. 〈그림〉처럼 입력 영상의 화소 A의 값을 가상 영상의 $A_0 \sim A_3$의 4개 화소에 그대로 복사한다. 나머지 화소도 이와 같이 처리하면 입력 영상을 확대한 가상 영상을 얻을 수 있다. 이러한 ㉠'확대 복사 방법'은 간단하지만 $A_0 \sim A_3$ 모두가 같은 밝기로 표시되므로 윤곽선 부분의 격자 모양이 두드러져 보이는 '모자이크 효과'가 발생한다. 확대율이 높아질수록 이러한 현상은 더욱 심해진다.

디지털 영상에 대한 내용이다. 화솟값, $n \times n$, 가상 영상 등 생소한 용어와 복잡해 보이는 그림이 있어서 읽기도 전에 마음이 무거워진다. 이렇게 마구 등장하는 생소한 개념들은 비문학을 어렵게 느껴지도록 만드는 요인이다. 하지만 실제로도 그렇게 어려울까? 잘 살펴보면 그렇지도 않다. 우리의 목표는 제시문을 공부하는 게 아니다. 제시문을 이용해 문제를 풀 수 있으면 되는 거다. 문제를 보자.

---

20. 윗글에 대한 이해로 적절하지 <u>않은</u> 것은?

① 디지털 영상의 화솟값은 밝기에 대한 정보를 담고 있다.
② 디지털 영상의 해상도는 가로×세로의 화소수로 나타낸다.
③ 입력 영상의 화소들이 밝을수록 가상 영상의 화소수는 많아진다.
④ 디지털 영상에서 두 화소의 화솟값 차이가 클수록 명암 대비가 강해진다.
⑤ 영상을 확대, 축소할 때 입력 영상은 가상 영상으로 변환되어 모니터에 표시된다.

정답은 ③이다. 제시문 앞부분에 밝을수록 화솟값이 크다는 내용이 있기는 하지만 가상 영상을 설명하는 부분에서는 '일대일 대응'이라는 말이 여러 번 나온다.

사전 지식은 있으면 좋은 것이지 없어선 안 되는 것이 아니다. 아무리 책을 많이 읽은 학생이라고 할지라도 디지털 영상의 확대, 축소에 대해서 접할 기회가 얼마나 있었겠는가? 또한 그것을 접했다 해도 완벽하게 이해하고 있는 친구들이 있을까? 다만 한 번쯤 봤던 개념이니 부담감을 덜 갖고 문제를 풀 수는 있을 것이다. 사전 지식은 바로 그런 '있으면 좋고 아니면 말고'인 것이다. 따라서 제시문에 모르는 내용이 나오더라도 겁먹을 필요가 없다.

하지만 간혹 몰라서가 아니라 '너무 많이 알고 있어서' 틀리게 되는 경우도 있다. 지문 안에 나오지도 않은 내용인데 내가 알고 있는 것만으로 문제의 답을 찾는 거다. 이런 실수는 무의식 중에 일어나는 것이기 때문에 각별히 조심해야 한다.

특히 시험에 교과서 지문이 나오면 지문은 읽어보지도 않고 알고 있는 내용만으로 답을 고르는 경우가 많다. 아는 내용이 나왔으니 신이 나기도 하고 문제 풀 시간을 줄일 수 있겠다는 기대 때문이다. 하지만 이런 조급함이 실수를 부른다. 예를 들어 '윗글에 나온 내용과 일치하지 않는 것은?'이라는 문제가 나왔을 때 머릿속에 저장해둔 내용만으로 답을 고르는 것은 위험하다. 지문 자체는 교과서에서 출제된 것이지만 지문의 구성은 다를 수 있다.

또 교과서에 특정 글의 일부만 수록된 경우 시험에는 교과서 지문의 일부와 나머지 글을 조합해서 출제하는 경우도 있다. 때문에 비문학 지문의 문제를 풀 때는 반드시 나의 주관적인 생각을 배제하고 눈에 보이는 객관적이고 논리적인 근거를 통해 지문에서 답을 찾아야 한다.

■ 배경지식은 가까이에 있다

비문학 공부를 하려면 책을 많이 읽어야 하는데 시간이 없어서 걱정이라며 고민하는 친구들이 많다. 하지만 꼭 책을 읽어야만 비문학에 대비할 수 있는 건 아니다. 뜻이 있는 곳에 길이 있기 마련이다. 국어 공부를 하다 보면 문제집을 통해 많은 비문학 지문을 접한다. 그것이 바로 비문학 공부를 위한 자료가 된다.

흔히 문제집을 풀 때는 지문을 한 번 휙 훑어보고 문제를 푼다. 그런 다음 답이 맞는지 틀리는지를 체크한 뒤 틀린 문제는 왜 틀렸는지 해답을 한 번 읽어보고 넘어간다. 이게 보통 학생들이 비문학 파트를 공부하는 방법이다. '문제 풀이'에 집중하고 있는 거다. 이렇게 공부한다면 지문은 문제를 맞히기 위한 도구일 뿐이다. 물론 실제 시험에서는 그런 기능만을 하겠지만 평소에 공부를 할 때는 지문 하나라도 소홀히 넘기면 안 된다.

문제를 풀고, 채점을 하고, 틀린 문제를 확인한 다음 지문을 다시 한 번 읽어보자. 공부라고 생각하지 말고 그냥 교양서적을 읽는다는 느낌으로 부담 없이 읽는 거다. 이제 막 고등학교 공부를 시작했으니 문제 풀이에 욕심을 낼 필요도 없다. 논설문이라면 '아, 이 문제에 대해 이런 근거로 이런 주장을 할 수도 있구나' 하면서 읽으면 되고 설명문이라면 '아, 여기서 설명하는 게 이런 내용이구나. 신기하네' 정도로만 생각하면서 읽으면 된다. 이런 것들이 차곡차곡 쌓여서 든든한 배경지식이 된다. 늘 하는 공부이니만큼 방법을 조금만 달리 하면 손쉽게 배경지식을 늘

릴 수 있다.

또한 이렇게 지문의 내용을 정리해두면 나중에 면접을 보거나 논술 시험을 치를 때도 참고할 수 있다. 노트를 따로 마련해서 지문의 내용을 간략하게 정리해두자. 하지만 공부하면서 접하는 모든 지문을 정리하기에는 무리가 있다. 읽으면서 흥미를 느꼈던 지문이나 내가 희망하는 학과와 관련돼 있다고 생각되는 지문들만 선택적으로 정리하는 것이 현명하다.

또한 우리가 배우는 다른 교과목의 내용들도 훌륭한 배경지식이 된다. 수많은 학문 분야들이 우리가 학교에서 배우는 내용들을 기본으로 하기 때문이다. 어떤 과목이든 교과서나 참고서에 읽기 자료가 있으면 관심을 갖고 읽어보자. 국어 영역의 배경지식은 결코 먼 곳에 있지 않다.

■ 지문 공부법

이제 비문학 지문을 읽는 구체적인 방법에 대해 알아보자. 지문을 읽을 때 유념해야 할 사항이 두 가지 있다. 첫째는 마음가짐이다. 앞서 언급했던 것처럼 우리가 신문과 책을 많이 읽으려는 이유는 비문학 지문에 등장하는 개념들에 좀 더 친숙해지기 위해서다. 쉽게 말하면 이러한 개념들을 '미리 알고' 문제를 풀기를 바라는 마음인 것이다.

그렇지만 비문학 문제는 배경지식이 없다 하더라도 그 지문을 집중해서 읽으면 모두 다 해결할 수 있는 성질의 것들이다.

그러므로 비문학 문제는 내가 그 지문의 내용을 미리 알기를 바랄 것이 아니라 지문을 통해서 그 대상에 대한 지식을 배운다는 생각으로 접근해야 한다. '디지털 영상'에 대한 지식이 전혀 없지만 지문을 읽음으로써 '디지털 영상'에 대해서 알고 그 사실에 비추어 문제를 풀겠다는 마음가짐이어야 한다.

다른 하나는 〈보기〉가 말하고 있는 것에 충실해야 한다는 것이다. 비문학 분야는 지문을 사실적으로 이해하고 그 사실에 비추어 문제를 풀어가는 것이 중요하다. 하지만 하나의 지문을 읽고 떠오르는 생각은 글을 읽는 사람마다 천차만별일 수 있다. 이렇게 여러 갈래로 뻗어나갈 수 있는 지문의 내용을 한 방향으로 잡아주는 역할을 하는 것이 바로 〈보기〉다. 〈보기〉가 답을 향해 가는 이정표인 셈이다. 지문의 내용에 드러난 것이라 하더라도 〈보기〉에서 말하고 있는 관점이나 내용과 일치하는지의 여부를 파악하고 보기와 선택지를 비교해 옳은 답과 그른 답을 골라내면 출제자들이 원하는 답을 찾아낼 수 있다.

지문을 효과적으로 읽고 분석하는 과정을 순서대로 살펴보자.

핵심 단어, 문장을 찾는다

설명문이든 논설문이든 글에서 말하고자 하는 핵심 내용이 있다. 먼저 그 단어나 문장을 찾아 표시해두자. 단, 그 용어나 원리에 대한 설명이 지문에 나와 있지 않는 한 그것을 이해하려고 할 필요는 없다. '이런 것이 있구나' 정도로 알고 넘어가면 충분하다.

▼

단락의 정리

비문학 분야 공부의 포인트는 단락 정리다. 문학 분야도 마찬가지지만 비문학 분야는 더욱 그렇다. 각 단락에서 중점적으로 이야기하는 바가 무엇인지를 찾고 중심 문장에 표시를 해두거나 간략히 요약해두자. 그러나 단락의 정리가 단지 내용 정리로 끝나서는 안 된다. 앞에서 설명한 바와 같이 비문학 분야는 논설문과 설명문이기 때문에 각 단락은 주장 또는 설명하고자 하는 내용을 소개하는 부분과 이를 뒷받침하는 부분으로 나눠져 있다. 단락의 내용을 정리하면서 각 단락이 이 중에 어떤 부분에 해당하는지를 파악해야 한다. 이렇게 하고 나면 단락들 간의 관계가 눈에 보인다. 여기까지 해야 단락 정리가 끝났다고 말할 수 있다. 특히 이것은 문학, 비문학 모두에 필요하기 때문에 이 부분이 부족한 학생들은 집중적인 훈련이 필요하다.

▼

단락의 분류

단락이 몇 개로 나뉘든 논설문은 크게 세 부분 즉 서론, 본론, 결론으로 나뉘고 설명문은 핵심 내용을 설명하는 부분과 이를 좀 더 쉽게 부연 설명하는 부분으로 나뉜다. 지문을 보며 정확하게 어디까지인지 나눠보도록 하자. 이 작업을 미리 해두면 문제 풀 때 상당히 유용하다.

글의 전개 방법을 파악하자

설명문이든 논설문이든 글이 어떤 방법으로 전개되는지도 표시해두는 게 좋다. 설명문이라면 비유의 방법을 사용하고 있는지, 예를 들어 설명하고 있는지 등을 찾으면 되고, 논설문이라면 주장의 근거들을 병렬식으로 나열하고 있는지, 예증을 하고 있는지 등을 찾으면 된다.

04. 영어 공부법

초등학교 때부터 지금까지 다양한 방법으로 영어 공부를 해왔겠지만 이제부터 하는 영어 공부는 철저하게 입시를 위한 공부라는 점을 유념해야 한다. '영어를 잘하는 공부법'과 '수능 시험을 잘 보는 영어 공부법'은 확실히 다르기 때문이다. 실제 영어 실력과 수능 영어 점수가 정비례의 관계에 있지 않을 수 있다는 얘기다. 이 점을 전제로 영어 공부법을 살펴보자.

문법

✎ 문법에 기죽지 말자

중3은 영문법의 스트레스를 가장 많이 받는 학년이다. 중학교 들어와 조금씩 어려워지던 문법이 3학년이 되면 포기 수준에 이를 만큼 골치가 아파지기 때문이다. 고등학교 공부를 준비하는 학생들은 자신 없던 영문법을 다시 한 번 공부해야겠다며 학원 등록을 하곤 한다. 하지만 무엇을 위해 문법 공부를 하려고 하는지 스스로에게 물어볼 필요가 있다.

수능 영어는 주제 파악과 표 해석, 문맥 흐름 연결, 알맞은 단어 넣기 등 독해 실력으로 푸는 문제들이 대부분이며 어법은 한두 문제에 불과하다. 그 문제들도 문법 지식을 묻는 것이 아니며 문장을 많이 읽다 보면 자연스럽게 생기는 영어 감각으로 풀 수 있는 문제들이다. 내신 또한 교과서 외 보충 교재 등에서 독해 지문을 가져와 출제하며 문법 문제는 교과서의 중요 문장을 공부하면 풀 수 있는 문제들이다. 기본적인 문법 지식은 있어야겠지만 영문법 자체를 정복해보겠다는 결연한 의지까지는 필요 없다는 말이다. 독해를 더 잘하기 위한 문법 공부여야 한다.

✎ 문법 공부의 기본

사실 문법을 공부하는 특별한 비결은 없다. 영어에 대한 기본적인 역량이 어느 정도 갖춰져 있지 않다면 어떤 방법을 제시한다 해도 어렵게 느껴지는 건 똑같기 때문이다. 우리가 우리말을 잘 읽고 쓰지도 못하면서 자음동화, 경어법과 같은 문법을 공부한다면 얼마나 어렵겠는가? 그렇기 때문에 문법은 독해와 듣기, 어휘 등에 대한 자신감이 생긴 후에 공부하는 것이 좋다.

이때 기본이 되는 몇 가지 방법이 있는데 첫 번째는 한번 공부를 시작하면 반드시 마지막 단원까지 끝내는 것이다. 보통 문법 공부를 하다 보면 중간에 학교 시험이 끼게 마련이고 시험이 끝난 다음 다시 문법책을 펴면 마치 처음 보는 책인 것처럼 느껴진다. 그래서 많은 학생들이 처음 1~3단원 정도를 늘 반복하고 또 반복하곤 한다. 이렇게 해서는 시간은 시간대로 가고 문법에 대해 제대로 공부하지는 못한다. 100퍼센트 이해하지 못해도 좋다. 그리고 앞에서 공부한 내용을 다 기억하지 못해도 좋다. 우선 한 번이라도 끝까지 공부하자. 그런 다음 다시 한 번 공부하면 그때는 처음보다 더 쉽게 공부할 수 있다.

두 번째는 독해 공부를 할 때 옆에 자기가 공부하는 문법서를 두고 공부하는 것이다. 해석을 해나가다가 문법 때문에 막히는 부분이 나오면 그때 그때 문법서를 찾아보자. 학생들이 문법에 자신 없는 이유는 문법을 '글로만' 익히기 때문이다. 배울 때는 다 아는 것 같지만 정작 독해 지문에서 그 문법이 적용된 문장을 만나면 '이게 그거야?' 하며 알아보지를 못한다. 모르는 단어가 나오면 사전을 찾듯 어려운 문장을 만나면 문법서를 찾으며 공부하자. 이렇게 실용적인 문법 공부를 해야 지루하지도 않고 실력이 는다.

✐ 영문법 해부하기

　모든 일에 우선순위가 있듯이 공부에도 우선순위가 있는 법이다. 문법에도 분명히 더 중요하고 덜 중요한 부분이 있다. 중·고등학교에서 배우는 문법은 아래와 같이 분류할 수 있다.

1. 문장의 구성 요소(문장의 형식) : 1형식, 2형식, 3형식, 4형식, 5형식
2. 동사의 시제
3. 부정사
4. 동명사
5. 분사
6. 수동태
7. 조동사
8. 명사와 대명사
9. 형용사와 부사
10. 관계사
11. 비교 구문
12. 접속사
13. 가정법
14. 특수 구문

이 중에 실제 수능 문법 문제에서 비중 있게 다루어지는 부분은

2. 동사의 시제
3. 부정사
4. 동명사
5. 분사구문
13. 가정법

정도로 꼽을 수 있다. 즉 수능의 문법 문제를 공략하려면 이 부분을 집중적으로 공부해야 한다는 말이다. 하지만 독해에 필요한 문법은 이것과는 또 조금 다르다. 독해를 위해 반드시 필요한 문법은

> 2. 동사의 시제
> 3. 부정사
> 4. 동명사
> 5. 분사
> 6. 수동태
> 10. 관계사

위 파트들이 바로 핵심이다. 문법 문제를 위해서는 하나하나 꼼꼼히 살펴보고 외워야 하지만 독해를 위해서는 그럴 필요가 없다. 위에 나열한 문법들이 독해에서 어떻게 사용되는지, 즉 어떻게 해석되는지만 알면 더 깊이 공부할 필요는 없다는 말이다.

예를 들어 to 부정사를 공부할 때 문법 문제를 위한 공부라면 그 문장의 동사가 무엇이냐에 따라 보어 자리에 to 부정사를 쓰는지 원형부정사를 쓰는지까지 알아야 한다. 하지만 독해를 위한 공부라면 to 부정사가 '~하는 것', '~하는, ~할', '~하기 위해' 세 가지로 해석이 된다는 것 정도만 알면 된다.

특히 독해에서 중요한 문법은 관계사다. 보통 해석하다 막히는 부분은 거의 문장이 길어서 해석이 꼬이는 부분이다. 거기에는 늘 관계사가 있기 마련이다. 문법책을 통해 기본적으로 관계사를 공부한 후 독해 지문에서 관계사가 들어간 문장들을 만나

면 주의 깊게 공부해야 한다. 또 강조하지만 예비 고1들에게 문제를 맞추고 못 맞추고는 큰 의미가 없다. 문제를 통해 무엇이든 배울 생각만 하자.

독해

앞에서 문법에 대해 이야기할 때 전략적으로 문법을 공부하는 방법을 이야기했다. 그렇다면 독해 역시 전략적으로 공부할 수 있지 않을까? 영어 문장을 해석함에 있어 가장 중요한 것은 뭘까?

- 영어 단어 – 단어를 많이 알면 문장의 의미를 파악할 수 있다?
- 구문 – 몇 가지 구문을 알면 독해가 잘된다?
- 문법 – 문법을 알고 문장을 분석할 수 있으면 독해가 쉽다?

물론 단어와 숙어를 많이 알고, 구문을 이해하고, 문법을 알고 있으면 독해가 식은 죽 먹기인 것은 사실이다. 그러나 독해를 할 때 그 어떤 것보다 중요한 것은 바로 '동사'다. 문장에서 동사를 파악할 수 있는 능력이 있다면 독해는 더는 어려운 것이 아니다. 물론 동사를 파악했다고 다 되는 것은 아니다. 단지 공부 방법에 있어서 동사를 파악하는 법부터 익히는 것이 더 효율적이라는 의미다. 그럼 왜 동사를 파악하는 것이 중요할까?

✎ 동사를 알면 문장이 보인다

기본적으로 하나의 문장에 반드시 들어가야 하는 것이 동사다. 그리고 그 동사가 문장 전체의 뜻을 좌지우지한다. 예문을 보자.

> 나는 배가 고프다. 그래서 밥을 먹어야겠다고 생각했다. 그러나 집에는 먹을 것이 없었다. 나는 너무 배가 고파 울었다.

위 문장에서 사용된 동사는 '고프다'와 '먹다', '생각하다', '없다', '울다' 이렇게 다섯 개다. 여기서 '밥'이나 '먹을 것'이라는 명사를 모른다고 가정해보자.

> 나는 배가 고프다. 그래서 ○○를 먹는 것이 좋겠다고 생각했다. 그러나 집에는 ○○○이 없었다. 나는 너무 배가 고파 울었다.

위에 쓰인 동사를 영어로 나열해보면 hungry, eat, think, is, cry다. 이 동사들을 위의 한글 문장에 대입시켜 보자.

> 나는 hungry. 그래서 ○○를 eat해야겠다고 think. 그러나 집에는 ○○○ is no. 나는 너무 hungry cry.

문법상으로는 말도 안 되는 문장이지만 ○○나 ○○○를 모른다고 해도 대충 어떤 의미인지 알 수 있다. '배가 고파서 ○○를 먹어야겠다고 생각했는데, 집에 ○○○가 없어서 너무 배가 고파 울었다' 정도로만 해석해도 어떤 상황인지, 주인공의 심정이 어떠한지를 짐작할 수 있다. 그리고 ○○와 ○○○가 정확히 뭔지는 모르겠지만 어쨌든 먹을 것의 한 종류라는 건 알 수 있다.

하지만 동사를 모른다면 어떨까?

> 나는 ○○○다. 그래서 밥을 ○○○이 ○○○. 그러나 집에는 먹을 것이 ○○○. 나는 너무 ○○○ ○○○.

위 문장으로는 어떤 상황인지 대충이라도 알아낼 수가 없다. 이처럼 실제 영어 독해에서 중요한 것은 키포인트(key point)가 되는 단어를 찾는 것이다. 그리고 그 키포인트는 동사들이 쥐고 있는 경우가 대부분이다. 키포인트가 되는 동사들을 많이 알고 있다면 나머지 단어들은 설사 모른다고 해도 충분히 유추가 가능하다.

그렇다면 동사를 찾는 게 관건이다. '나는 아침 일찍 일어났다'와 같이 동사가 하나인 문장은 해석도 쉽고 동사를 찾기도 쉽다. 하지만 우리가 공부해야 할 것은 초등학교 영어가 아니다. 한 문장에 동사가 2개 이상 나오는 경우가 대부분이라는 것이다.

> 나는 아침 일찍 일어나기 위해 알람 시계를 맞췄다.

위 문장은 동사가 '일어나다'와 '맞추다' 2개다. 이 두 가지 동사 중에 위 문장에서 결정적인 역할을 하는 키(key) 동사는 무엇일까?

> 나는 알람 시계를 맞췄다. 아침에 일찍 일어나기 위해.

이렇게 해석할 수 있으니 위 문장의 키 동사는 '맞추다'가 된다. 결국 키 동사를 찾는 일은 문장에서 궁극적으로 하고자 하는 말이 무엇인지를 찾는 것과 같다.

영어 독해에서 직독 직해는 아무리 강조해도 지나치지 않는다. 직역은 그 문장이나 단어를 있는 그대로 해석하는 것이고 의역은 그 말의 의미를 생각해 표현을 다듬는 것으로 보면 된다. 그렇다면 우리가 공부하는 독해에서는 직역이 좋을까 의역이 좋을까? 정답은 직역이다.

영어에서 사용되는 문장, 특히 고등학교 수준의 문장은 우리가 직역을 하더라도 쉽게 그 의미를 이해할 수 있을 정도로 평

이하다. 뿐만 아니라 수능에서 우리가 독해를 해야 하는 지문은 그 분량이 상당하다. 그것을 시간 내에 모두 해석하고 문제를 푼다는 것은 만만한 일이 아니다.

의역은 하나의 문장을 두 번 읽는 것과 같다. 영어는 우리말과 어순이 다르기 때문이다. 그대로 해석을 한 후에 다시 한 번 우리말에 맞춰 해석을 해야 하기 때문에 시간이 두 배로 걸린다. 하지만 우리는 번역을 하는 것이 아니라 문장의 의미만 이해하면 되기 때문에 굳이 의역을 할 필요가 없다. 오히려 영어 어순 그대로 이해하는 습관을 들이면 시간 단축에도 상당한 효과가 있고 나중에 영어를 잘하기 위해 영어를 본격적으로 배울 때도 많은 도움이 된다. 예문을 보자.

이 문장을 해석할 때, '그들은 / 탐험했다 / 사막을 / 찾아서 / 묻힌 보물을' 같이 해석을 해도 '그들은 묻힌 보물을 찾아서

They explored the desert in quest of buried treasure.

사막을 탐험했다'라는 의미의 문장인 것을 알 수 있다. 하지만 우리가 처음 영어를 배울 때부터 이렇게 공부한 것이 아니기 때문에 직독 직해가 익숙해지려면 꾸준한 연습과 시간이 필요하다. 그렇다고 너무 겁먹지는 말자. 아직 예비 고등학생이니 지금부터 의식적으로 직독 직해하는 습관을 들이면 충분하다.

✎ 독해는 수준이 높은 것부터? 낮은 것부터?

독해 공부를 할 때 자신의 실력보다 수준이 높은 것부터 해나가는 것이 좋을까? 아니면 낮은 것부터 해나가는 것이 좋을까? 결론부터 말하자면 '수준이 낮은 것부터' 해나가는 것이 좋다. 중학교 1, 2학년 수준의 독해집도 막상 해석을 해보면 100퍼센트 완벽하게 해석되지 않는 문장들이 나온다. 하지만 독해 실력을 탄탄히 하기 위해서는 그런 문장 하나하나도 포기할 수 없다.

이제 곧 고등학생인데 자존심 상한다고 생각하지 말자. 기초 공사를 튼튼히 하지 않고 구멍이 숭숭 뚫린 채로 건물을 아무리 높이 세워봐야 비만 조금 오면 쉽사리 무너지고 마는 법이다. 괜히 폼 잡는다고 수능 독해집을 들고 다녔다가는 모르는 것투성이에 스트레스만 받는다.

자기 수준보다 조금 쉬운 것부터 해나가자. 그 과정 속에 자신감이 생기고 실력이 향상되는 것도 직접 느낄 수 있다. 시중에 있는 단계별 문제집의 가장 첫 단계부터 시작해도 좋다, 따로 문제집을 구입하는 게 부담스럽다면 1, 2학년 교과서를 이용하는 것도 좋다.

지금까지 했던 얘기들을 정리해보자. 독해는 다음과 같은 순서로 꾸준히 공부한다면 발전해가는 과정을 피부로 느낄 수 있을 것이다.

내 수준보다 조금 쉬운 문제집을 선택한다.

문장 하나마다 동사에 동그라미 표시를 한다.

동사를 중심으로 문장을 직접 해석해본다.
첫 번째 동사까지 해석을 해보고 어색하면 다음
동사를 중심으로 다시 해석해본다.

해석을 하면서 주어에 표시를 해둔다.

노트에 문장 하나하나를 직역해 적어본다.
머리로는 이해가 되는데 막상 적으려다 보면 해석이 잘 안되는 경우가 있다.
바로 이 과정을 넘기는 것이 실력 향상으로 이어진다.
ex) The throng / protested / against / abortion.
군중들 / 항의했다 / ~에 반대해 / 임신중절

> 필요한 부분과 필요 없는 부분을 구분해본다.
> 문장에는 키포인트가 되는 동사를 중심으로 하는 내용과
> 이를 보조 설명하는 내용이 있는데, 보조 설명하는 부분을 구분하는 연습이다.
> ex) 나는 아침에 일찍 일어나기 위해 알람 시계를 맞추었다.
> ⇨ 문장에서 동사는 2개(일어나다, 맞추다)지만 둘 중에 키 동사는
> '맞추다'이다. 그러므로 다음과 같이 끊어본다.
> ex) 나는 (아침에 일찍 일어나기 위해) 알람 시계를 맞추었다.

단어

단어는 그 언어의 기본적인 의미 단위다. 따라서 단어를 알고 있으면 의사소통이 가능하다. 예를 들어보자. 배고픈 사람이 영어로 이런 표현을 하고 싶어 한다.

> 저는 무척 배가 고픕니다. 가까운 곳에 식당이 있나요?

완벽한 문장을 만들 실력이 안 되더라도 hungry, restaurant 단 2개의 단어만 알면 어찌어찌 식당을 찾을 수 있다. 이 정도면 외국 여행은 충분하다. 이처럼 단어를 많이 알고 있으면 수능뿐만 아니라 나중에 영어를 체계적으로 배우게 될 때도 상당히 유용하다.

여하튼 단어는 필요하고 중요하며 효과를 발휘하기 쉽다. 수능

이 얼마 남지 않은 시기에는 학생들에게 단어라도 많이 외우라고 말할 정도니까 말이다. 독해가 대부분인 수능은 단어만 많이 알고 있어도 충분히 글의 분위기를 파악할 수 있다. 또한 독해를 잘하고도 보기에 나온 단어를 몰라 틀린다면 얼마나 안타깝겠는가? 이래저래 영어 단어는 많이 외워두는 편이 좋다.

하지만 막상 영어 단어를 외우려고 하면 또 생각이 많아진다. '아무 단어나 막 외우면 되나?', '하루에 얼마나 외워야 하지?', '적으면서 외우는 게 좋은 건가?' 같은 문제들이 고민된다. 단어 공부를 어떻게 하면 좋을지 구체적인 방법들을 살펴보자.

✎ 어떤 단어를 외워야 하는가?

영어 단어는 많이 외울수록 좋다. 어떤 것이든 가리지 않고 외우면 좋겠지만 시간과 상황을 고려해서 체계적으로 외우는 것이 최선이다.

1. 교과서 영어 단어를 외운다.

예비 고1에게 가장 추천하고 싶은 단어 공부 방법은 교과서 단어를 외우라는 것이다. 교과서 단어는 가장 기본적이면서도 수능 시험과 직결되기 때문이다. 아직 어떤 고등학교에 갈지 알 수 없을 테니 서점에 가서 마음에 드는 출판사의 영어 I 교과서를 구입하자(중고 책도 좋다). 고등학교 입학 전까지 그 교과서에 나온 단어를 모두 공부하는 것만 해도 훌륭한 준비 학습이 된다. 더 욕심이 난다면 한 권을 빨리 마치고 다른 출판사의 교과서를 한 권 더 구입하자. 중복되는 단어들이 많을 테니 권수를 더해갈수록 공부 속도도 빨라질 것이다.

2. 동사를 중심으로 외운다.

영어 독해에서 가장 중요한 것은 '동사'다. 동사를 많이 알고 있으면 하나의 문장에서 말하고자 하는 바를 알기 쉽다. 서술어인 동사를 통해 주어나 목적어에 해당하는 명사를 유추해낼 수도 있다.

동사를 외울 때는 자동사와 타동사를 구분해서 외워두자. 문법을 몰라도 동사를 자동사와 타동사로 나눠서 알고 있으면 형식을 구분할 수 있기 때문이다.

3. 단어장보다 독해집 단어 중심으로 외운다.

서점에 가보면 꼭 사야만 할 것 같은 단어장들이 많다. 대부분 수능에 자주 출제되는 단어를 중심으로 묶어놓은 것인데 예비 고1들에게는 부담스러운 분량이다. 단어장을 따로 사서 외우는 것보다는 내가 공부하는 독해 문제집 지문에 나오는 단어를 외우는 것이 좋다. 문장 속에서 뜻을 고민하고 찾아보며 해석했던 단어들이라 기억에 더 오래 남기 때문이다. 학년이 올라가더라도 단어 암기는 독해와 병행해서 진행하는 것이 좋다.

✎ 자투리 시간을 활용하자

단어 공부가 중요하다는 것은 누구나 알지만 단어를 외우자고 시간을 따로 낸다는 것이 왠지 시간 아깝다는 생각이 든다. 그럴 때 단어를 외우는 가장 효과적인 방법은 '자투리 시간 활용'이다. 등하교 시간, 쉬는 시간, 점심시간, 버스나 전철의 이동 시간, 누군가를 기다리는 시간 등등 생각보다 자투리 시간이 많다. 남들은 버리고 마는 이런 시간에 암기를 꾸준히 해나가는 것은 결국 남들보다 앞서가는 방법이자 뒤처진 거리를 줄여가는 방법이다.

✎ 눈으로 보고 소리내어 읽자

쓰면서 단어를 외우면 '손이 외운다'는 장점이 있다. 하지만 막노동하듯 깜지를 만들며 수십 번씩 단어를 쓸 필요는 없다. 수능을 포함해 앞으로 공부하게 될 모든 영어 시험에 어려운 철자 맞추는 문제는 나오지 않기 때문이다. 손에 익을 정도로 서너 번 써보는 것으로 충분하며 그 다음은 눈으로 보고 소리 내어 읽어보면 된다. 그렇게 해야 자투리 시간에도 공부할 수 있고 반복도 수월하다.

✏ 단어 암기 이렇게 해보자

휴대용 단어 암기 수첩을 준비한다.
암기용 수첩은 손으로 휴대가 간편한 것을 선택한다.
항상 손에 들고 다녀야 하므로 겉표지가 단단한 것이 좋다.

▼

암기할 단어를 암기 수첩에 옮겨 적는다.
품사는 반드시 표시해둬야 한다.
여러 개의 뜻을 가진 단어라면 사전에 나온 순서대로 적는 것보다 내가
공부했던 독해 문장에서 쓰였던 의미를 가장 먼저 적는 것이 기억하기에
좋다. 다른 뜻들도 함께 적어 두자. '그걸 언제 다 외우나?' 할지 모르지
만 눈으로 보는 것만으로도 기억에 남는다.

▼

이동할 때 생기는 자투리 시간에 외운다.

▼

누적 방식으로 외운다.
오늘 외운 단어는 다음날 다시 한 번 본다. 그 다음날 또 한 번. 적어도
3일 정도는 반복해야 한다. 주말에는 주중에 외웠던 단어를 모아 테스트
를 하자. 공부가 더 필요한 단어는 그 다음주로 이어서 3일 더 반복한다.

친구와 함께 외운다.
암기는 내기나 테스트를 하며 외울 때 더욱 효과적이다.
친구와 아이스크림 내기 같은 걸 해보자. 사소한 것이라도 뭐가 하나
걸리면 승부욕, 집중력, 기억력이 급상승한다.

05. 사회, 과학 공부법

　선행 학습으로 탐구 과목을 공부하는 학생들은 많지 않을 것
이다. 국 · 영 · 수만 해도 바쁜데다 어떤 과목을 배우게 될지 알
수 없기 때문이다. 보통 사회, 과학은 고등학교 입학 후 학교 공
부를 시작으로 방학을 활용해 집중적으로 정리한다. 그렇더라
도 고등학교 공부를 준비하는 입장이니 '이런 과목들이 있구나',
'이렇게 공부하면 되겠구나' 정도는 알고 지나가자.

✎ 교과서에서 시작하기

　어떠한 과목이나 마찬가지겠지만 특히 사과탐에서는 교과서
가 중요하다. 교과서에서 기본적으로 다루고 있는 주요 개념들
을 정리하지 않고는 단순 개념 정의 문제는 물론 단원 간 통합

문제, 과목 간 통합 문제, 실생활 적용 문제 등의 응용문제 풀기는 불가능하기 때문이다. 교과서를 통해서 기본 개념을 정리하는 것이 가장 우선이 돼야 한다.

개념 정리와 함께 놓치지 말아야 할 것이 도표와 그래프다. 수능에서는 살짝 변형된 모습의 그래프들이 많이 등장해서 수험생들을 당황하게 하는 경우가 많은데 사실 이것들도 알고 보면 익숙한 그래프들과 같은 의미를 담고 있다. 때문에 교과서에 등장하는 도표와 그래프를 외우려고 하기보다는 그 단원의 내용과 함께 '이해'하고 '해석'하는 일이 중요하다.

교과서 공부 후에는 문제집과 병행해서 응용문제들이 어떠한 방식으로 출제되는지를 파악할 필요가 있다. 문제집의 경우 이제껏 누적돼 온 응용 유형을 다양한 패턴으로 활용하고 있어서 응용 실력을 쌓는 데 좋다. 자주 나오는 개념들은 해설지에 정리돼 있는 경우가 많아서 개념을 확실하게 정리하는 데에는 더없이 좋은 자료가 된다. 그렇다 해도 해설지만 보고 끝내서는 안 되며 교과서를 펴서 해당 내용을 다시 확인해야 한다.

✎ 노트 정리는 이렇게

노트 정리는 개인의 기호에 따라 하는 사람도 하지 않는 사람도 있다. 노트를 만든다면 단원별로 중요한 내용이나 취약한 부분을 정리하면 되고, 노트를 만들지 않는다면 가장 자주 보는 문제집을 토대로 취약한 부분 강조 표시, 추가할 내용 정리 등을 하면 된다. 두 경우 모두 단원별로 공부를 하다 보면 비슷하거나 대조되는 개념을 놓칠 수 있으니 이런 내용들은 참고 표시를 해 함께 정리해두자.

어디에 기록을 하든 반드시 내 공부의 흔적은 한 권에 누적, 압축돼야 한다. 그래야 언제든 펼쳐서 복습을 할 수 있기 때문이다. 이 노트는 어느 날 갑자기 만드는 것이 아니다. 1학년 때부터 학교 진도와 함께 만들기 시작해 2, 3학년 때까지 계속 보충, 수정해나가며 완성도를 높인다. 수능을 볼 때쯤에는 아무나 가질 수 없는 나만의 핵심 노트를 갖게 되는 것이다.

✎ 사과탐 공부에는 잔머리가 필요하다

중학교 때는 중간, 기말고사 때만 공부를 하면 됐으니 내가 배우는 교과서에만 집중했다. 하지만 고등학생이 되면 수능을 염두에 두고 공부해야 한다. 그러다 보니 사회, 과학 공부할 때 마음 한구석에 '내가 보는 교과서나 문제집에 없는 내용이 수능에 나오면 어떻게 하나?'라는 불안감이 자리 잡는다. 하지만 교과서의 공통적인 내용을 중심으로 문제가 출제되니 큰 걱정은 안 해도 된다. 대신 내가 보고 있는 교과서와 다른 출판사에서 출판된 문제집 한 권 정도는 풀어보는 것이 좋다.

수능은 교과서 종류가 다양할수록 문제는 폭넓게, 난이도는 낮게 나오는 경향이 있는 반면 교과서 종류가 적거나 단종일수록 한정적인 부분에서 심화된 내용이 나오는 경향이 있다. 그러니 걱정보다는 과목에 따라서 전략적으로 공부 계획을 세우는 것이 중요하다.

✎ 과목별 공부법 : 사회

사회 공부를 할 때 언제나 주의를 기울여야 하는 경우는 전체적인 맥락을 파악할 때다. 특히 고1 첫 시험에서 나무만 보고 숲을 보지 못하는 실수가 많다. 열심히 공부했는데 점수가 형편없어서 이유를 분석해보면 중학교 때의 공부 습관 때문인 경우가 많다. 세부적인 내용들만 부지런히 외워 놓고 그 내용이 무엇을 의미하는 것인지 몰라 문제를 풀지 못하는 것이다. 사회 공부를 할 때는 늘 목차를 보며 단원명을 확인하는 습관을 갖자. 공부하는 내용이 전체에서 어디쯤에 위치해 있는지를 분명히 기억해야 한다.

1. 사회문화

사회문화는 많은 학생들이 선택하는 과목이다. 과목명에서 느껴지듯 왠지 공부하기에 무난할 것 같아서다. 실제로 사회문화는 상식적인 선에서 이해해도 무방한 내용이 대부분이긴 하다. 하지만 그렇다고 해서 만만하게 볼 수는 없다. 사회문화는 그 범위를 예측할 수 없을 만큼 응용되는 폭이 넓다. 과목의 특성상 시사 문제가 나올 수 있는 가장 유력한 과목이기도 하다. 실제로 수능에서 사회문화가 최고의 난이도를 자랑해 수많은 수험생들을 절망에 빠뜨린 적도 있다. 이 과목을 공부할 때는 책에서 설명되는 현상들이 실제 우리 사회에서 어떻게 벌어지고 있는지를 살피고 이슈가 되고 있는 시사 문제를 함께 정리해 둬야 한다.

2. 정치 · 경제(법과 정치, 경제)

정치와 경제는 비교적 출제되는 부분이 특정 단원에 집중돼 있다. 또한 교과서의 구성도 기반이 되는 개념에 이어 파생되는 개념을 정리하는 식이기 때문에 어떤 것을 중점적으로 공부해야 할지 눈에 확 들어오는 편이다. 가령 법과 정치의 경우 민주 정치와 정부 형태에 관한 내용은 필수적으로 정리하고 외워둬야 한다. 선거나 정당의 형태와 관련된 내용 역시 마찬가지다. 경제는 개념을 서술식으로 정의하기보다는 그래프로 나타내는 경우가 많으니 대표적인 그래프들을 꼭 기억해야 한다.

정치와 경제 모두 개념이 난해한 경우가 많지만 무조건 외우려고 하기보다는 실생활과 연결해야 이해하기 쉽다. 이해하지 못하고 외우려고 하면 외워야 할 양도 많아지고 외우기도 어렵다. 하나의 개념을 확실하게 이해하면 파생되는 개념들을 쉽게 이해할 수 있으니 암기도 쉽게 할 수 있다.

3. 역사(한국사, 동아시아사, 세계사)

한국사, 동아시아사, 세계사 모두 외울 것이 엄청나게 방대해 보인다. 실제로 외워야 할 양이 적은 것은 아니다. 하지만 역사를 선택하는 학생들은 역사가 결코 공부하기 어려운 과목이 아니라고 말한다.

문자 기록이 존재하지 않는 선사시대나 비교적 문자 기록의 발견이 적은 삼국시대까지의 시기는 유물과 유적을 보여주면서 그 시기 사회상이 어떠했는가를 물어보는 경우가 많다. 따라서 자주 나오는 유물, 유적들은 익숙할 때까지 외워두는 것이 좋다. 하지만 시간이 흐를수록 유물, 유적의 사진이나 그림은 줄어들고 연표나 지도가 많아진다. 여기서부터는 '왜?'와 '그래서?'를 기억해야 한다. 즉 하나의 사건이 떨어져서 존재하는 것이 아니라 인과관계를 형성하면서 존재한다는 거다. 사건이 어떻게 이어지는 것인지를 안다면 내용은 머릿속에 금방 정리될 수 있다.

예를 들어 광해군의 중립 외교를 떠올렸을 때 그 이전의 병자호란과 이후 북벌파와 북학파의 대립까지도 연상하는 것이다. 연도를 달달 외우는 건 불가능하겠지만 이런 식으로 인과관계를 통해서 머릿속으로 연대기를 그려간다면 한 과목을 통째로 머릿속에 기억할 수 있다.

4. 윤리(윤리와 사상, 생활과 윤리)

과목명을 보면 알 수 있듯 윤리와 사상은 동서양의 사상과 철학, 논리들에 대한 내용을 담고 있다. 윤리와 사상은 상이하거나 유사한 관점들을 비교하는 문제가 많으므로 사상가들의 생각을 비슷한 것들끼리 혹은 반대되는 것들끼리 묶어보며 공부해야 한다. 왠지 골치 아플 것 같지만 동서양의 전통 철학, 사상을 알아두면 다른 과목을 공부할 때도 유용하다. 사회 현상을 바라보는 관점의 차이에 대한 내용은 국어 제시문이나 사회 과목의 응용문제로 자주 출제되며 특히 논술에서는 필수적인 바탕 지식이다.

생활과 윤리는 비교적 접근하기 쉽다. 초등학교 때부터 배워왔던 내용들을 보다 심화시키고 실생활에 적용하며 철학적인 체계를 잡아나가는 거라고 보면 된다. 교과서를 읽으면서 이해하는 수준으로도 무난하게 넘어갈 수 있기 때문에 공부하는 데도 부담이 적다. 선택자들이 사회문화와 쌍벽을 이룰 정도로 많은 과목이기도 하다. 복잡하게 외울 것은 없지만 정작 문제를 풀어보면 헷갈리는 것들이 있어 생각보다 고득점이 어렵다.

5. 지리(한국지리, 세계지리)

지리는 자료 해석 능력이 굉장히 중요하다. 그래프나 사진, 지도 등의 자료가 가장 많이 나오는 과목이기 때문이다. 따라서 많은 지도와 그래프를 접하고 해석하는 연습을 해야 한다. 무엇보다 놓치지 말아야 할 것은 지도다. 지도 읽는 것은 지리 공부의 기본이다. 공부를 하다 보면 자주 나오는 지도가 눈에 익게 마련인데 아는 지도라고 해서 무조건 문제를 풀 수 있는 건 아니다. 익숙하더라도 문제가 의도하는 바를 정확하게 찾아내야 한다. 지리 공부를 할 때는 지도를 통해서 자신이 공부한 내용이 어떤 것이었는지를 확인하는 습관을 들여야 한다.

예를 들어 선상지가 있는 지도라면 선상지의 특징과 주거 환경, 농업 형태 등에 대해서 정리하는 것이다. 이렇게 지도를 중심으로 관련된 지식이 묶이면 기억하기도 쉽고 도표나 그래프, 통계 등 다른 자료와 연결돼도 쉽게 풀 수 있다.

✎ 과목별 공부법 : 과학

과학 공부의 포인트는 세 가지다. 첫 번째는 실험이다. 실험 없이 이루어지는 과학이란 상상할 수도 없다. 교과서에 나오는 실험들은 가설 설정에서부터 조건, 변인들까지 제대로 파악하고 있어야 한다. 그래야 실험의 결론과 결론이 가지는 의미에 대해서도 알 수 있다. 두 번째는 공식이다. 공부를 하다 보면 이게 수학인지 과학인지 헷갈릴 만큼 공식이 많을 때도 있다. 무조건 외워서 될 일은 아니며 공식의 도출 과정을 충분히 이해해야 한다. 간혹 공식 도출 과정이 그대로 출제되기도 한다.

마지막은 자료다. 실험 결과나 자연 현상의 변화 과정, 비교 분석표 등 과학은 도표, 그래프가 참 많이 나온다. 일차적으로는 교과서의 자료를 익혀야겠지만 점차 처음 보는 자료들을 해석하는 능력이 더 중요해진다. 이러한 능력을 키우기 위한 가장 좋은 방법은 직접 자료를 만들어보는 것이다. 평소 과학 공부를 하며 표를 그려보고 그래프로 실험 결과를 정리하는 등 공부 내용을 자료화해보자. 자료의 속성을 파악하는 실력이 금방 는다.

1. 물리 I, II

'물리의 필수는 공식이다'라는 명제는 강력하며 유효하다. 물리는 과학 과목 중에서 가장 많은 공식이 나오는 과목이다. 하나의 공식을 바탕으로 심화된 공식이 두세 개씩 뻗어나가는 경우가 허다하기 때문에 공식의 도출 과정을 연계적으로 살펴봐야한다. 공식을 공부할 때는 용어와 단위가 무엇을 의미하는지를 살펴야 한다. 용어는 정확한 정의를 알아야 함은 물론, 물리에서 등장하는 용어가 워낙 다양해서 자칫 헷갈릴 수 있으니 공식을 볼 때마다 외워서 익숙해지도록 만들어둬야 한다.

물리는 출제되는 개념들이 유형화돼 있다. 차이는 얼마나 기본적이냐 심화됐느냐 하는 것이다. 따라서 오답 정리를 할 때는 어떠한 개념을 묻고 있느냐에 따라서 문제들을 분류하는 것이 효율적이다. 물리의 경우 이해하지 못하면 전혀 문제를 풀 수 없는데 이런 식의 정리는 자신이 이해하지 못하는 개념이 무엇인지를 알 수 있게 해준다.

2. 화학 I, II

화학은 실험 문제가 가장 많이 나오는 과목이기 때문에 중요 실험들은 완전히 정리하고 있어야 한다. 게다가 화학은 다른 과목에 비해서 뚜렷하게 출제 경향이 자리 잡고 있고 잘 바뀌지도 않기 때문에 기출문제를 중심으로 문제 유형을 파악해야 한다.

화학을 골치 아프게 하는 건 암기다. 화학은 과학 과목 중 외울 것 많은 과목으로 생명과학과 우위를 다투는 과목이다. 외울 것과 이해해야 할 것이 반반 정도로 애매하긴 하지만 교과서에 언급되는 실험을 모두 정리한다는 생각으로 공부하다 보면 외워야 할 것들이 많이 줄어든다. 사실 화학에서 외워야 할 것들은 대부분 낯선 용어들인데 실험 과정을 공부하면서 이러한 용어들을 익숙하게 만들 수 있기 때문이다.

실험을 공부할 때는 과정과 결과, 방법에 이르기까지 폭넓게 꼼꼼히 정리해야 한다. 대부분의 문제들이 실험과 관련돼 나오고 실험에 대해 다양한 것을 묻는다. 응용문제에서는 실험 과정이나 방법이 약간 변형되기도 한다. 그러므로 기본적인 실험에 대해 제대로 파악하고 있으면 보다 문제를 쉽게 풀 수 있다.

3. 생명과학 I, II

생명과학은 물리와는 다르게 무작정 외우기만 해도 어느 정도의 점수는 받을 수 있는 과목이긴 하다. 하지만 외울 양이 상당히 많은데다 외우기만 한다고 완벽하게 성적을 받을 수 있는 건 아니다. 실험 내용이나 그래프 등 자료도 제법 등장하는 편이라 이해가 선행되지 않으면 한계가 있다.

그래도 다행인 것은 자주 출제되는 단원이 고정돼 있는 편이라는 것이다. 유전 법칙과 관련된 실험이나 가계도, 광합성과 호흡에 관한 내용은 절대로 빠지지 않고 등장하는 단골손님들이다. 내용이 풍부해서 응용의 폭이 넓기 때문이다. 이 부분을 집중적으로 공부하면 어느 정도의 성과를 얻을 수 있다.

4. 지구과학 Ⅰ, Ⅱ

지구과학은 쉽게 흥미를 가지고 접근할 수 있는 과목이다. 물리처럼 공식이 난무한다거나 생물처럼 외울 양이 방대하지 않기 때문이다. 적당한 공식과 실험, 암기량을 요구하고 유형도 크게 변하지 않는다. 하지만 낯선 유형의 문제는 꾸준히 늘어나고 있다. 그리고 지구과학 역시 이해와 암기가 병행돼야 한다. 지질, 지구 부분에서는 이해보다는 개념과 용어를 암기해야 한다. 반면 대기, 천체 단원은 공식과 법칙들이 많아 이해가 필요하다. 이해가 어렵다면 직접 문제를 풀면서 감을 잡아나가는 것이 더욱 빠르다. 지구과학에서는 다양한 문제들을 통해서 외운 것들을 확인하고 공식과 법칙을 반복하면 보다 쉬운 공부를 할 수 있다.

고등학교 선택은 유명한 학교, 요즘 뜨는 학교로 하는 게 아니다. 내가 행복한 3년을 보낼 수 있을지가 가장 중요하다. 학교의 운영 특성과 나의 적성, 성향 등을 고려해야 하며 기숙사 생활 여부, 통학 거리와 방법 등 내가 매일 겪게 될 일상을 예상해봐야 한다. 돈도 중요한 문제다. 학비뿐 아니라 체험 활동, 방학 중 프로그램, 책값 등 실제적으로 드는 비용을 따져보자.

6장

진로
진학 고민

어떤 고등학교에 갈까?

이름도 없는 지방 외고 가나 마나일까?

나에게 대학이 필요할까?

자기소개서, 면접 노하우

01. 어떤 고등학교에 갈까?

중3이라면 어떤 고등학교에 갈까 고민을 안 할 수 없다. 일찌감치 진학 목표를 정해 학교 이름을 들먹이는 친구들을 보면 무언가 확실한 미래를 거머쥔 것 같아 부러운 마음이 들고, 학교 홍보를 온 선배들을 보면 갑자기 그 학교가 좋아 보인다. 하지만 고등학교 선택은 신중해야 한다. 꼭 특별한 학교에 가야만 성공적인 진학인 것은 아니다. 일반고에 진학해 진로를 탐색할 시간을 더 갖는 것도 현명한 선택이다.

어떤 학교들이 있나

중학생들이 갈 수 있는 고등학교는 일반고, 특목고, 자율고, 특성화고 등이다. 중학교 내신 성적과 고입선발고사(지역마다 차이가 있다)를 통해 인근 학교로 배정받아 가는 것이 일반고 진학이고 그 외의 학교들은 지원자가 입학원서를 내고 면접을 보는 등 개별적인 입시를 치러야 한다. 즉 목표 학교, 관심 학교를 정한다는 것은 일반고 외의 진학을 전제로 한다는 말이다. 특목고, 특성화고, 자율고의 입시는 일반고 입시보다 먼저 이루어져 불합격할 경우 일반고 진학을 하게 된다.

'특목고'는 특수목적고등학교의 준말로 특정 분야에 재능을 가진 우수한 인재들을 교육하기 위해 설립된 고등학교를 의미한다. 과학고, 영재고, 국제고, 외고뿐 아니라 예고, 마이스터고도 특목고에 해당된다. 하지만 마이스터고는 실업계라는 인식이 있어 상위권 학생들이 선호하는 학교의 범위에서는 제외되고 있다.

특목고는 아니지만 높은 대학 진학률과 독자적인 커리큘럼으로 우수한 학생들이 몰리고 있는 자율고도 관심이 높다. 상산고, 하나고, 민사고, 청운고, 포철고 등이 여기에 해당된다. 자율고는 각 학교의 교육 이념에 따라 봉사나 동아리 활동, 희망 수업 개설, 자율 탐구 활동 등 학교 재량에 따라 운영되는 모습이 다양하므로 진학을 희망한다면 학교의 특성을 충분히 고려해야 한다.

특성화고는 방송, 디자인, 경영, 뷰티 등 눈길을 끄는 전공들이 많아 학생들의 관심이 높다. 특히 공부에 자신이 없는 학생들은 대학에서 4년을 보내는 것보다 일찌감치 실무를 배우는 것이 낫다는 전략을 세우기도 한다. 전문계라는 사실 때문에 망설

임이 없는 것은 아니지만 취업난이 심해지고 부모님들도 자녀가 원하는 것을 인정해주는 사회 분위기가 자리 잡히면서 특성화고의 인기는 지속되고 있다.

✎ 나의 적성을 고려하자

1, 2학년 때 공부를 좀 했던 학생들은 우선 외고를 꿈꾼다. 지역별로 분포하고 있어 가장 접근이 용이한 데다 그만큼 선발 인원도 많고 지역 제한이 있어 다른 지역의 학생들은 차단되기 때문이다. 반면 과학고나 영재고, 국제고, 자사고는 전국의 학생들과 경쟁을 해야 하니 부담스럽다. 학생들이 외고를 꿈꾸는 것은 자신이 외국어에 소질이 있다거나 향후 관련 분야의 전공을 하고 싶어서가 아니다. 그냥 좋은 학교에 가고 싶기 때문이다.

하지만 그랬다가는 나의 성장에 도움이 안 되는 3년을 보내게 될 수도 있다. 외고는 전공 외국어를 정해 3년 동안 공부하게 돼 있어 외국어 수업 시간이 많고 그만큼 공부해야 할 분량도 많으며 원서로 수업이 진행되는 등 수준도 높다. 따라서 언어에 흥미가 없거나 관련 분야에 진로 계획이 없다면 단지 좋은 학교에 다닌다는 이유만으로 3년을 버티기는 힘들다.

한 학생은 자율고인 하나고를 선택했는데 그 이유를 자신의 성격과 연결지었다. 자신은 개인주의 성향이 강해서 혼자 생각하고 행동하는 걸 좋아하는데 하나고는 수업이 일반고처럼 딱

짜여 있지 않고 원하는 수업을 골라 들을 수 있도록 돼 있기 때문이었다. 그 자율성이 자신의 성향과 맞을 거라고 생각했고 실제로도 그랬다. 흥미가 높은 수업을 골라 들으며 깊이 있는 공부를 할 수 있었고 3년 후에는 서울대에 진학했다.

고등학교 선택은 유명한 학교, 요즘 뜨는 학교로 하는 게 아니다. 내가 행복한 3년을 보낼 수 있을지가 가장 중요하다. 학교의 운영 특성과 나의 적성, 성향 등을 고려해야 하며 기숙사 생활 여부, 통학 거리와 방법 등 내가 매일 겪게 될 일상을 예상해봐야 한다. 돈도 중요한 문제다. 학비뿐 아니라 체험 활동, 방학중 프로그램, 책값 등 실제적으로 드는 비용을 따져보자.

✍ 무조건 특목고가 좋을까?

좋은 학교에 진학해 좋은 환경에서 우수한 친구들과 치열하게 경쟁하며 잘 커간다면 더는 바랄 것이 없다. 하지만 그렇지 못한 경우도 많다. 가장 흔한 경우는 우수한 아이들 틈바구니에서 아무리 노력해도 오르지 않는 성적에 좌절하면서 공부도 생활도 포기해버리는 경우다. 수업 시간 내내 자거나 음악에 빠져 이어폰과 기타로 3년을 보내기도 한다.

고1 수연이는 사는 지역에 외고가 없어 서울에 있는 외고에 진학했다가 한 학기 만에 집 근처의 일반고로 전학했다. 학교에 기숙사가 없어 서울에 있는 고모 댁에서 생활을 했는데 주말마다 기차를 타고 먼 길을 오가야 하는 번거로움과 소수의 지방 학생들을 배려하지 않는 학사 일정, 도저히 따라잡을 수 없는 학업차를 견디지 못했기 때문이다.

어려서부터 과학에 천재성을 보여 과학영재고에 진학했는데 취침, 기상, 식사에서부터 과제 제출, 발표 자료 준비 등 모든 것을 스스로 해야 하는 시스템에 적응하지 못해 휴학을 한 아이도 봤다.

세상에 절대적으로 좋은 것은 없다. 아무리 좋은 학교라도 나를 키워내지 못하면 독이 된다. 어디든 들어가기만 한다고 해서 끝날 일이 아니다. 그 학교가 나의 인생에 꼭 필요한지 어떤 영향을 줄지 충분히 생각해보자.

02. 이름도 없는
지방 외고 가나 마나일까?

　현경이는 1학년 때부터 외고를 꿈꾸었다. 길을 가다가 외고 교복을 입은 언니들을 보면 부럽고 신기해서 한참 동안 바라보며 '나도 꼭 저 교복을 입어야지'라는 다짐을 하기도 했다.

　"저는 꼴찌로라도 합격하고 싶거든요. 외고에 가게 된다면 정말 즐거운 마음, 죽을 각오로 임할 거예요. 제가 원하는 대학교 가서 제 꿈도 키울 거고요."

　하지만 학년이 올라갈수록 자신감이 없어졌고 3학년이 되자 정말 가는 게 좋을지 확신이 서질 않았다.

　"점점 현실이 보여요. SKY, SKY 했던 게 정말 높은 거라는 거, 사실은 지방대도 가기 힘들다는 걸 조금씩 알겠어요."

　"그건 나중 일이고 지금은 외고 가는 것만 생각해. 1학년 때부터 가고 싶어 했잖아."

"그런데 요즘은 '지방 외고 가봤자'라는 생각이 들어요. 이름도 없는 지방 외고 가나 마나 똑같지 않느냐고들 하더라고요. 제 실력이 대단한 것도 아닌데 괜히 고생만 하는 건 아닐까요? 차라리 일반고 지원하는 게 나을 거 같기도 하고요."

중3의 진로 고민은 복잡하다. 높은 현실의 벽 앞에서 꼼지락거리는 나의 형편없는 점수를 보면 꿈을 꾸는 게 다 무슨 소용인가 싶은 것이다. 하지만 꿈을 품는 것도 아무나 할 수 있는 일이 아니다. 남의 꿈에 대해 뭐라고 토를 다는 사람들은 괜히 부러워 그러는 게 아닐까?

"이름도 없는 지방 외고라니. 가고 싶으면서 실력 안 되는 애들이 괜히 그러는 거야. 안 그래? 정말 가나 마나라면 왜 공부 잘하는 애들이 해마다 그 학교에 몰려가겠니?"

"휴, 그런 걸까요?"

"남들이 뭐라든 나에게 의미가 있으면 되는 거야."

✎ 그 학교가 나에게 어떤 의미인지가 중요하다

내가 가기에 가장 좋은 학교는 내가 가고 싶은 학교다. 내가 외고를 가고자 한다면 그 학교가 외고라서 좋은 것이 아니라 내가 가고 싶은 학교이기 때문에 좋은 것이다. 남들에게 지방 외고는 '가나마나한 이름도 없는 학교'겠지만 나에게는 꼴찌로라도 꼭 들어가고 싶은 학교니 세상에서 제일 좋은 학교가 된다.

내 꿈을 이루기에 필요한 모든 기준은 내 안에 있기 때문이다. 그 학교에 갈 수 있다면 생각만 해도 신이 나고 공부할 마음이 절로 생긴다. 이보다 더 탁월한 선택이 있을까?

고등학교나 대학교를 어디로 가든 무슨 상관이랴? 문제는 '내 마음이 어디에 있느냐'다. 마음이 있는 공부는 고생스러워도 그 고생이 특권인 듯하지만 마음이 없는 공부는 쉬워도 지루하게 느껴진다.

대상이 무엇이든 내가 원하는 것이 생겼다는 것 자체가 이미 가치 있는 일이다. 그것을 위해 노력하고, 방법을 고안하고, 고민하고, 집중하고 싶은 열정은 숨길 수 없는 것이다. 결과를 두려워하지 말자. 그 학교에 합격한다면 얼마나 신이 날 것인가? 그 즐거운 상상으로 하루하루를 공부해나가면 된다. 남들이 뭐라 하는가? 나는 내 즐거움을 누릴 뿐이다. 내 꿈을 신나게 이루어갈 뿐이다.

"외고에 간다고 해도 걱정이에요. 내신 따기가 어려울 텐데 나중에 대학 가기 불리하면 어떻게 해요."

"너 열심히 할 거잖아. 꼴찌로라도 붙으면 좋겠다며."

"그래도요."

부정적인 생각이란 건 참 묘해서 한번 빠져들기 시작하면 계속 꼬리를 물고 이어진다.

"그럼 넌 왜 좋은 대학 가려고 애쓰니? 거긴 공부 잘하는 애들이 전국에서 몰려와 학점 따기가 더 어려울 텐데?"

"대학은 학교 간판이 중요하니까요."

"그럼 똑같이 생각해. 내신 따기 어려워도 그토록 가고 싶어 했던 학교잖아. 그 학교 간판 따고 졸업장 따는 걸로 족하다고 생각해. 이름도 없는 지방 외고라고? '외고'라고 떡하니 쓰여 있는데 얼마나 훌륭하니? 너에게 유리한 것만 생각해. 걱정한다고 달라지는 건 없으니까."

✎ 걱정을 만들지 말자

꿈에 대한 갈망이 크면 그만큼 꿈이 이루어지지 못할 것에 대한 두려움도 크다. 그래서 걱정을 '만들어'낸다. 꿈을 이루지 못했을 때의 절망과 주변의 시선에 대비하기 위해서다. 혹시라도 꿈이 이루어지지 않으면 '거봐, 안 될 거라고 했잖아'라며 스스로에게 핑계를 댄다.

아무리 지방 외고라도 입시는 입시다. 우수한 학생들이 몰리기 마련이고 내 실력이 훌륭하다 해도 떨어질 수 있는 일이다. 꿈을 꾸는 사람은 내가 할 수 있는 것에 최선을 다할 뿐이어야 한다. 붙고 떨어지는 거야 하늘이 할 일이니 내가 상관할 바가 아니고 떨어진 후의 일까지 걱정할 필요는 더더욱 없다.

'꼴찌로라도 붙었으면 좋겠다', '붙으면 정말 열심히 할 텐데' 같은 생각만으로 매일 노력을 이어가는 것이 가장 바람직하다.

✎ 꿈은 그 자체만으로 효능을 낸다

'꼴찌로라도 붙었으면 좋겠다'는 마음이 얼마나 예쁜 마음인지! 꿈을 가질 때 사람들은 간절함도 배우고 겸손함도 배운다. 그래서 꿈이 없는 사람들보다 더 많이 노력하게 된다. 만약 이름도 없는 지방 외고 가나 마나라서 안 가겠다고 하면 어떨까? 지금처럼 공부를 열심히 하지도 않을 것이고 적당히 공부하고 마는 게 습관이 돼서 일반고에 간다 해도 제 실력을 다 발휘하지 못할 것이다. 괜히 외고 간다는 애들 방해나 하고 다니지 않을까?

꿈은 그 자체만으로 효능을 낸다. 마음속 꿈이 무엇이든 끝까지 지키자.

03. 나에게 대학이 필요할까?

한국잡월드에서 청소년들의 진로 고민에 대한 강연을 한 적이 있었다. 사전에 인터넷을 통해 참여자들의 고민을 받았는데 그중 매우 구체적인 고민 내용을 적은 학생의 글이 눈에 띄었다.

'평소 레고나 과학상자 및 로봇 키트로 만들기를 좋아하고 잘한다고 생각합니다. 그래서 데니스 홍 같은 로봇 공학자를 꿈꾸고 있는데 현실적으로 가능성을 높이기 위해 무엇을 준비해야 하는지 궁금합니다. 또한 고입을 앞두고 학교를 선택하는데 일반고를 가서 수능을 준비하는 것보다 특성화고의 웹프로그래밍이나 기계공학과 쪽을 선택하는 게 꿈을 실현하는 데 유리한지도 고민입니다.'

대다수의 학생들이 아직 확실한 꿈이 없으며 재능과 흥미를 모르겠다는 고민을 적은 것에 비하면 이 학생은 대단하다. 자신을 매우 잘 파악하고 있을 뿐 아니라 롤모델과 관련 학과, 학교를 검색해보는 등 적극적인 진로 준비를 하고 있다.

그럼에도 불구하고 그 중심에는 '나에게 대학이 꼭 필요한가?'에 대한 의심이 풀리지 않았다. 일반고 가서 수능 공부를 하느니 일찌감치 특성화고에 가서 관련 공부를 하는 게 낫지 않느냐는 것이다. 고등학교 입시에 지친 중3 학생들이 종종 내뱉는 한숨이다. 고등학교 입시도 이렇게 힘든데 대학 가는 건 또 얼마나 힘들 것인가? 고등학교 3년 동안 해야 할 공부가 겁이 나기도 할 거다.

그놈의 대학, 내 인생에 어떤 의미를 가지는 걸까? 내 인생에 꼭 필요한 걸까? 똑같은 고민을 하며 삼수까지 했던 선배의 사례를 보자.

소영이는 삼수 끝에 지방대 간호학과에 들어갔다. 고3 때는 어떻게든 되겠지 하는 마음으로 입시를 치렀고 재수 때는 아쉬움과 우울함으로 시간을 보냈다. 삼수생이 돼서야 겨우 생각을 정리하고 미련을 털어낼 수가 있었다.

"사실 성적은 세 번 다 비슷해요."

시험이란 게 그렇다. 희망인지 욕심인지 모를 무언가를 붙잡고 혼란스러워하다가 결국 매일 묵묵히 그날의 공부에 몰두하는 것이 가장 큰 보람임을 깨닫는 거다. 소영이도 그런 시간을 보냈다. 수능 점수는 비슷하지만 내면은 월등히 성장했다. 마음의 여유가 생겼고 겸손해졌으며 의료 선교사가 되겠다는 목표도 분명해졌다.

"남들은 한 번에 끝내는 걸 저는 왜 세 번이나 했는지 모르겠어요."

지나고 보니 아무것도 아닌데 괜한 자존심을 부린 것 같아 한숨이 나는 것이다.

"철드느라 그런 거지. 재수 삼수 없이 한 번에 대학 갔더라도 그 시간을 잘 쓰지는 못했을 거야. 놀고 휴학하고 방황하느라 이삼 년 흘려보냈을 걸?"

내 뜻대로 인생이 풀리지 않을 때 비로소 우리는 내 안의 다양한 모습들을 만나게 된다. 내가 이렇게 속 좁은 사람이었나 깜짝 놀라기도 하면서 말이다. 부모님 밑에서 큰 어려움 없이 성장해온 청소년들에게는 대학 입시가 그 첫 관문이다.

대학에 다 떨어지고 난 후 소영이는 졸업식에도 가지 않았다. 스승의 날 고등학교 친구들을 만나 선생님을 뵈러 갔을 때는 우중충한 재수생 티내는 게 싫어 화장을 진하게 했다. 부모님께 죄송스러워 집 앞 공공 도서관 말고는 학원도 독서실도 다니지 않았으면서 한편으로는 온갖 짜증으로 부모님 속을 뒤집어 놓는 이중성을 보이기도 했다. 괜한 분노와 우울함을 느껴 밤늦게까지 수학 문제를 풀다가 엎드려 울기도 하고, 대학 말고는 달리 살 방법을 알지 못하는 자신이 답답해지기도 했다.

이렇게 밑도 끝도 없이 마음고생을 하며 철이 든다. 그리고 삶을 일구는 에너지는 이런 굴곡에서 나온다. 그것이 차마 남들에게 이야기하지 못할 비굴함이라 해도 말이다. 그렇게 나의 밑바닥을 경험해보면 다른 사람들을 이해하는 도량이 넓어진다. 더욱 단단하게 살아갈 수 있을 것 같은 자신감도 피어난다. 실제로 재수, 삼수를 거쳐 입학한 친구들은 고3에서 바로 대학생이 된 녀석들보다 훨씬 야무지게 대학 생활을 한다. 시간 아까운 줄도 알고 자느라 수업을 빼먹는 일도 드물다. 비온 뒤 땅이 단단해진다는 말은 괜한 말이 아니다. 그러니 소영이의 삼수는 누가 뭐래도 값진 시간인 셈이다.

"그래도 모든 사람들이 그렇게 좋게만 보는 건 아니에요. 대부분은 삼수까지 해서 기껏 지방대 갔느냐는 눈빛이거든요."

그런 눈빛을 느낀다면 아마 소영이 스스로도 그렇게 생각하고 있기 때문일 거다. 고등학교 때부터 지금까지 소영이 마음 한쪽을 차지하고 있는 물음표이기도 했다.

'대학이라는 곳이 과연 삼수를 할 만큼의 가치가 있을까?'

'누가 알아주지도 않는 지방대 가서 등록금 내며 시간 죽이는 것보다 학원 다니면서 자격증 따는 게 더 낫지 않을까?'

고등학교 시절 단기 선교로 잠비아에 다녀온 이후 소영이는 선교에 대해 관심을 가졌다. 의사는 물론 간호사도 턱없이 부족한 선교 현장은 누가 어느 대학에 나왔는지 따위가 중요하지 않았다. 공부 좀 못한다고 무시받지 않는 곳, 소영이 눈에는 그곳이 천국처럼 보였다. 하얀 이빨을 드러내고 웃는 잠비아의 꼬마들과 나중에 선교사가 돼 다시 돌아오겠다고 약속했었다. 그래서 선교사의 꿈을 꾸었는데 의료 선교로 분야를 정하고 보니 선교 현장에서는 쓰지도 못할 어려운 공부가 과연 필요할지 회의가 드는 거다.

"사실 선교지에서 필요한 건 특별한 의술이 아니잖아요. 영양제 주사나 상처 소독하는 일이 대부분일 텐데 그걸 위해서 4년 동안 시간을 들이고 돈을 들여서 학교를 다녀야 한다는 게 좀 아까워요. 그 정도는 간호 학원 같은 데서도 충분히 배울 수 있지 않을까요?"

최소한의 자격증, 당장 필요한 것만 생각한다면 간호 학원만으로도 충분할 것이다. 소독약 바르는 일은 간호 학원까지 갈 것도 없다. 하지만 병원이든 선교지든 탁월한 기여를 하기 원한다면, 현장을 변화시키고 좀 더 나은 곳으로 만들기를 바란다면 기를 쓰고 배워야 한다.

"글쎄, 과연 그럴까? 대학 공부는 물론 간호사로 근무한 경력도 필요할 거 같은데? 간호학뿐 아니라 약학이나 행정학 같은 다양한 분야의 지식도 있어야 할 거야."

"왜요?"

"네가 다녀왔던 선교지에서는 할 수 있는 게 영양제 주사와 상처 소독밖에 없었을 거야. 약도 없고 치료할 사람도 없었겠지. 그곳에 경험 많고 지식이 풍부한 의료 선교사가 투입된다면 어떨까? 다양한 약을 지원받을 수 있는 방법을 찾아보고 그 지역 사람들이 많이 걸리는 병의 원인을 탐색해서 예방약도 처방

할 수 있겠지. 진료 순번을 정해서 환자들이 기다리는 시간을 줄이거나 비슷한 증상을 보이는 사람들을 모아서 교육을 하는 등 실무적인 요령도 발휘하게 될 거야."

심리학과 교육학을 연구하는 미하이 칙센트미하이 교수는 창의적인 업적을 위해서는 철저한 체계의 습득이 필요하다고 말한다.

"아무리 뛰어난 수학적 재능을 가진 아이라고 해도 수학의 규칙을 배우지 않고는 수학에 공헌할 수 없을 것이다. 창의성을 발휘하고자 하는 사람은 창의적인 체계 안에서 움직이면서 그 체계를 자기 것으로 만들어야 한다. 다른 말로 하자면, 영역의 규칙과 내용뿐 아니라 현장이 선택하고 선호하는 기준에 대해 알아야 한다."

마찬가지로 소영이가 아무리 간절한 의료 선교의 소망을 품고 있다고 해도 의학을 제대로 공부하지 않고서는 의학은 물론 선교에도 공헌할 수 없을 것이다. 발명가인 제이콥 라비노는 전문 분야의 지식과 훈련을 강조한다.

"창의적인 사고를 하기 위해서는 많은 양의 정보를 갖고 있어야 하죠. 만일 음악가라면 음악에 대해 많이 알아야 합니다. 음악을 듣고 기억하고 필요하다면 따라할 수 있어야 합니다. 이를테면, 사막 한가운데서 태어나 생전 음악을 들어본 적이 없다면 베토벤 같은 음악가가 될 수 없습니다. 새들의 노랫소리는 따라할 수 있겠지만 전원 교향곡을 쓸 수는 없겠지요."

"발명가가 이런 말을 했다는 게 놀랍지 않니? 왠지 발명은 그냥 아이디어가 떠오를 때 혼자 골방에 틀어박혀서 할 거 같잖아."

"그러게요."

"이 세상에 어떤 일이든 의미 있는 성과를 내려면 내가 속한 분야의 체계를 완전히 숙지해야 하는 거야. 그렇게 쌓인 충분한 정보를 바탕으로 내 분야에 공헌을 하고 그러한 과정이 반복되고 확장돼야 하는 거지. 그래야 나의 노력이 세상에 쓸모 있는 업적이 될 수 있어."

이름이 알려지고 넉넉한 돈을 버는, 즉 사람들이 성공이라고 부르는 현상은 그러한 공헌의 표면에 불과하다.

"이제 좀 정리가 됐니? 우리가 대학에 가는 이유는 각 분야의 정보와 지식을 체계적으로 익히기 위해서야. 내 나름의 성과를 내고 세상을 이롭게 하는 기여는 그 후에 이루어져야지. 우린 아직 시작도 안 한 거라고."

소영이가 꿈꾸는 삶은 선교지에서 평생을 봉사하며 의미 있게 사는 삶, 선교지의 사람들을 쾌적하고 건강하게 만드는 삶일 것이다. 모든 순간을 진지하게 경험하며 배울 수 있는 것은 무엇이든 열심히 배우자. 세상에는 나의 생각보다 큰 지식들이 많다. 대학은 나에게 큰 기반이 될 그 지식들을 전수하고 발전시키는 곳이라는 점을 명심해야 할 것이다.

04. 자기소개서, 면접 노하우

환형이는 아무 생각이 없이 중학 생활을 하다가 집 근처에 있는 자율형고등학교에 원서를 넣었다. 그러거나 말거나 환형이는 여전히 아무 생각이 없었으니 엄마가 넣었다고 해도 과언이 아니다. 성적 제한이 없이 추첨과 면접으로만 선발을 하니 면접만 잘 보면 붙을 수도 있겠다 싶었던 것이다. 엄마의 바람대로 1단계 추첨은 운 좋게 통과를 했다. 문제는 면접이었다. 멀뚱멀뚱 면접장에 들어간 환형이는 누구나 예상할 수 있는 질문을 받았다.

"우리 학교에 지원한 동기가 뭔가요?"

자기소개서에도 분명히 썼을 진학 동기, 면접을 앞둔 학생이라면 누구나 한 번쯤 생각해봤을 물음 앞에 환형이는 참으로 솔직하게 답했다.

"엄마가 가래서 왔는데요."

환형이는 당연히 떨어졌다. 친구들은 미친놈이라며 놀렸고 엄마는 연거푸 한숨만 내쉬었다.

✎ 자기소개서는 면접을 위한 자료

자기소개서는 1단계 심사 전 지원서와 함께 제출하기는 하지만 사실은 면접을 위한 자료다. 따라서 자기소개서의 모든 내용은 본인이 직접 자신의 생각으로 작성해야 한다. 선생님이나 부모님이 도와줄 수는 있겠으나 맞춤법이나 문구 수정 등 내용을 건드리지 않는 범위에서 그쳐야 한다.

학교마다 차이가 있지만 자기소개서에는 보통 자기주도학습 과정, 지원 동기 및 진로 계획, 인성 영역 세 가지를 작성하도록 돼 있다. 항목별로 작성 분량을 정해주는 학교도 있으나 그렇지 않은 경우에는 전체의 작성 분량을 항목별로 균등하게 나눠 쓰는 것이 좋다. 예를 들어 전체 분량을 1,200자 이내로 작성한다고 하면 각 항목당 400자 정도 쓰면 된다.

1. 자기주도학습 과정

자기주도학습 과정은 학습을 위해 주도적으로 목표를 설정하고 목표 달성을 위한 계획 수립, 학습 실행에 이르기까지 전 과정과 그 과정을 통해 느낀 점을 기술하는 것이다. 스스로 공부한 경험 없이 학원 숙제만 열심히 하다가 중학교 시절을 보낸 학생이라면 정말 할 말이 없을 것이다. 열심히 공부해서 중간·기말고사의 성적이 오른 경험이 있다면 구체적인 사례로 쓰기에 무난하다. 꼭 시험 점수가 아니어도 상관없다. 아침 공부 습관을 만들기 위해 매일 노력했던 경험도 좋고, 형편없었던 취약 과목의 성적으로 인한 열등감을 극복한 경험도 좋다. 목표를 달성하지 못했더라도 그 과정에서 시행착오를 겪으며 배운 점을 써도 좋다.

자기주도학습 과정을 작성할 때 주의할 것은 각종 인증 시험 점수나 교내·외 수상 실적 등을 기재해서는 안 된다는 것이다. 예를 들어 '처음 토익 시험을 봤을 때 450점을 받았지만 이후 영어 공부에 매진해서 850점을 받았습니다. 이 경험을 통해 노력은 결코 배신하지 않는다는 교훈을 얻었습니다'라고 쓰면 0점 처리가 된다. 그러한 인증 시험이나 자격시험, 경시대회 등이 사교육을 조장한다는 우려 때문이다. 학교 공부를 충실히 한다는 범위에서 자기주도학습 경험을 서술해야 한다.

2. 지원 동기 및 진로 계획

환형이가 감점을 받았던 부분은 바로 여기다. 위 사례에서 면접관은 환형이가 어떤 대답을 할 지 자기소개서를 통해 예상을 하고 있었을 것이다. 그런데 자기소개서는 멀쩡하게 잘 써놓고 정작 '엄마가 가래서요'라는 황당한 답을 했으니 지원 동기는커

녕 그 학교에 대한 관심이 전혀 없는 학생이라는 것을 솔직하게 말한 꼴이 된다.

하지만 생각해보면 환형이를 이해 못 할 것도 아니다. 사춘기를 겪느라 한참 방황하고 정신없는 시기에 진로 계획과 진학 동기가 명확한 학생들이 얼마나 있을까? 우리나라뿐 아니라 전 세계 중학생들이 마찬가지일 것이다. 사실은 환형이와 비슷한 상황이면서도 말로만 그 학교에 뼈를 묻을 듯한 대답을 한 학생들도 많을 것이다.

오히려 일찌감치 진로 목표를 정하고 그에 맞는 고등학교를 결정한 학생은 극소수에 해당된다. 대부분은 자기소개서를 작성하기 위해서 지원 동기와 진로 계획을 만들다시피 생각해낸다. 모두 비슷한 처지이니 이상할 것도 없다. 면접관들도 그 점을 감안해 심사를 한다.

지원 동기와 진로 계획을 작성할 때는 그 학교의 홈페이지에 들어가보자. 동아리 소개나 그 학교만의 특별한 수업, 교과 외 프로그램 등의 안내 자료를 보면서 마음에 드는 점을 찾아내야 한다. 예를 들어 그 학교의 독서 토론 동아리가 전국 고등학생 토론 대회에서 우승을 했다는 공지사항이 보인다면 '중학교 때 독서 동아리 활동을 했습니다. ○○고등학교에도 우수한 독서 토론 동아리가 있는 것으로 아는데 실력 있는 친구들, 선배들과 함께 활동하고 싶습니다'라고 연결해볼 수 있다.

3. 인성 영역

인성 영역에는 중학교 때 했었던 봉사·체험 활동이나 배려, 나눔, 협력, 타인 존중, 규칙 준수 등 자신의 인성을 드러낼 수 있는 활동 실적을 기록한다. 어떤 활동을 했는지 나열하는 것은 의미가 없으며 그 활동을 통해 배우고 느낀 점이 무엇인지를 기록해야 한다. 구체적인 사례를 이야기하면 훨씬 좋다. 여기서 주의할 것은 학교생활기록부의 행동 특성이나 통합 의견 등에 기재된 활동 실적이어야 한다는 것이다. 그렇지 않으면 아무 근거도 없는 활동을 마음대로 지어낼 수도 있기 때문이다.

자기소개서의 모든 내용에는 부모의 사회·경제적 지위를 암시하는 내용을 작성할 수 없게 돼 있다. 따라서 'ㅇㅇ복지재단 이사장이신 아버지의 영향으로 초등학교 때부터 ㅇㅇ복지관에서 봉사 활동을 했습니다'라는 식의 표현을 해서는 안 된다. ㅇㅇ복지관에서 봉사 활동을 했던 실적이 사실이라 해도 감점 처리가 된다.

✎ 면접은 자연스럽고 예의 바르게

학생들이 면접을 두려워하는 이유는 질문에 대답을 하지 못해 쩔쩔맬까봐서이다. 하지만 면접은 특별하고 어려운 걸 묻는 자리가 아니다. 면접관은 학생들이 미리 작성한 자기소개서를 검토하고 그 학생이 작성한 내용을 전제로 질문을 던진다. 예를 들어 '중학교 때 독서 동아리 활동을 했습니다'라는 내용이 있다면 '책 읽는 걸 좋아하나요?' 같은 편안한 질문으로 면접이 시작되는 것이다.

환형이처럼 자기소개서는 멀끔하게 써놓고 형편없는 대답을 하는 학생이 있는가 하면, 반대로 자기소개서는 산만한데 바른 자세로 차분히 자신의 생각을 분명히 말하는 학생들도 있다. 글쓰기에 자신이 없는 학생이라면 면접을 충실히 준비하자.

부모님이나 선생님이 면접관이 돼 모의면접을 해보면 좋다. 그럴 수 없는 상황이라면 자기소개서의 내용을 항목별로 간단히 요약해 말해보는 연습을 하자. 거울 앞에 의자를 놓고 앉아 밝은 표정과 반듯한 자세로 말하는 연습을 하면 더욱 좋다.

면접 볼 때 뭘 입고 가느냐고 묻는 학생들도 많은데 청바지에 운동화, 남방, 스웨터 등 단정한 옷차림이면 된다. 마땅하게 입을 옷이 없다면 늘 입던 교복을 입자. 교복은 가장 학생답고 자연스러운 옷이다.

자기소개서 작성 항목 예 1 : 대원외고

1. 자기주도학습 과정 (20점)

학습을 위해 주도적으로 수행한 목표 설정 · 계획 · 학습 그리고 그 결과 평가까지의 전 과정(교육과정에서 동아리 활동 및 진로 체험, 꿈과 끼를 살리기 위한 활동 및 경험 등 포함)을 구체적으로 기술하십시오.

2. 지원 동기 및 입학 후 활동 계획 (5점)

본교의 특성과 연계해 본교 및 희망 전공에 관심을 갖고 지원하게 된 계기와 준비 과정, 본인의 꿈과 끼를 살리기 위한 입학 후 활동 계획을 기술하십시오.

3. 졸업 후 꿈을 이루기 위한 구체적 활동 계획 (5점)

본교 졸업 후 본인의 꿈을 이루기 위한 진로 계획 및 실현 방법에 관해 구체적으로 기술하십시오.

4. 인성 영역 (10점)

봉사 · 체험 활동을 포함한 본인의 인성(배려, 나눔, 협력, 타인 존중, 갈등 관리, 관계 지향성, 규칙 준수 등)을 나타낼 수 있는 개인적 경험 및 이를 통해 배우고 느낀 점을 구체적으로 기술하십시오.

자기소개서 작성 항목 예 2 : 포항제철고

- 건학 이념과 연계해 지원 학교에 관심을 갖게 된 동기, 꿈과 끼를 살리기 위한 활동 계획과 진로 계획을 구체적으로 기술하십시오(400자).

- 학습을 위해 주도적으로 수행한 목표 설정·계획·학습 그리고 그 결과 평가까지의 전 과정(교육과정에서 진로 체험 및 동아리 활동, 꿈과 끼를 살리기 위한 활동 및 경험, 독서 활동 등 포함)을 구체적으로 기술하십시오 (700자).
  ※ 독서 활동은 감명 깊게 읽은 책 1권을 선정해 자신의 삶에 끼친 영향에 대해 작성

- 본인의 인성(봉사·체험 활동을 포함한 배려, 나눔, 협력, 타인 존중, 규칙 준수 등)에 대한 중학교 활동 실적 및 이를 통해 배우고 느낀 점을 구체적으로 기술하십시오(400자).

전국 고등학교 목록

전국 고등학교 목록

학생들이 "어떤 학교를 가야 할까요?" 하며 고민하거나 "고등학교는 갈 수 있을까요?" 하며 좌절할 때마다 보여주는 자료다. 전국에 이렇게 많고 다양한 학교들이 있다는 것을 알려주고 싶어서다. 학생들은 목록을 훑어보며 "우와, 이런 학교도 있어요?"하며 신기해하기도 하고 자신이 알고 있는 학교 이름을 찾아보기도 한다. 이렇게 진로 고민의 한 고비를 넘기는 거다. 내 성장의 한 토막을 맡길 학교를 찾아보자.

- 출처 : 한국교육개발원 교육통계 DB
- 조사기준일 : 2014년 10월 1일

서울	
학교 유형	학교명
일반고	경복고등학교
일반고	경신고등학교
일반고	대신고등학교
일반고	덕성여자고등학교
일반고	배화여자고등학교

일반고	상명대학교사범대학부속여자고등학교
일반고	풍문여자고등학교
일반고	계성여자고등학교
일반고	장충고등학교
일반고	환일고등학교
일반고	배문고등학교
일반고	보성여자고등학교

일반고	성심여자고등학교	일반고	고려대학교사범대학부속고등학교
일반고	신광여자고등학교	일반고	서울대학교사범대학부설고등학교
일반고	오산고등학교	일반고	석관고등학교
일반고	용산고등학교	일반고	성신여자고등학교
일반고	무학여자고등학교	일반고	용문고등학교
일반고	성수고등학교	일반고	한성여자고등학교
일반고	건국대학교사범대학부속고등학교	일반고	홍익대학교사범대학부속고등학교
일반고	광남고등학교	일반고	삼각산고등학교
일반고	대원고등학교	일반고	영훈고등학교
일반고	대원여자고등학교	일반고	창문여자고등학교
일반고	동국대학교사범대학부속여자고등학교	일반고	혜화여자고등학교
일반고	자양고등학교	일반고	누원고등학교
일반고	경희여자고등학교	일반고	자운고등학교
일반고	동국대학교사범대학부속고등학교	일반고	정의여자고등학교
일반고	해성여자고등학교	일반고	창동고등학교
일반고	휘경여자고등학교	일반고	효문고등학교
일반고	휘봉고등학교	일반고	노원고등학교
일반고	송곡고등학교	일반고	대진고등학교
일반고	송곡여자고등학교	일반고	대진여자고등학교
일반고	신현고등학교	일반고	불암고등학교
일반고	중화고등학교	일반고	상계고등학교
일반고	태릉고등학교	일반고	상명고등학교
일반고	혜원여자고등학교	일반고	서라벌고등학교

일반고	염광고등학교
일반고	영신여자고등학교
일반고	용화여자고등학교
일반고	월계고등학교
일반고	재현고등학교
일반고	청원고등학교
일반고	청원여자고등학교
일반고	한국삼육고등학교
일반고	혜성여자고등학교
일반고	동명여자고등학교
일반고	선일여자고등학교
일반고	선정고등학교
일반고	숭실고등학교
일반고	신도고등학교
일반고	예일여자고등학교
일반고	은평고등학교
일반고	진관고등학교
일반고	충암고등학교
일반고	가재울고등학교
일반고	명지고등학교
일반고	인창고등학교
일반고	중앙여자고등학교
일반고	한성고등학교
일반고	경성고등학교

일반고	광성고등학교
일반고	홍익대학교사범대학부속여자고등학교
일반고	강서고등학교
일반고	광영고등학교
일반고	광영여자고등학교
일반고	금옥여자고등학교
일반고	목동고등학교
일반고	백암고등학교
일반고	신목고등학교
일반고	신서고등학교
일반고	양천고등학교
일반고	진명여자고등학교
일반고	경복여자고등학교
일반고	공항고등학교
일반고	대일고등학교
일반고	덕원여자고등학교
일반고	동양고등학교
일반고	마포고등학교
일반고	명덕고등학교
일반고	명덕여자고등학교
일반고	세현고등학교
일반고	수명고등학교
일반고	영일고등학교

일반고	한광고등학교		일반고	남강고등학교
일반고	한서고등학교		일반고	삼성고등학교
일반고	화곡고등학교		일반고	서울문영여자고등학교
일반고	경인고등학교		일반고	서울미술고등학교
일반고	구로고등학교		일반고	성보고등학교
일반고	구일고등학교		일반고	신림고등학교
일반고	신도림고등학교		일반고	영락고등학교
일반고	오류고등학교		일반고	인헌고등학교
일반고	독산고등학교		일반고	동덕여자고등학교
일반고	동일여자고등학교		일반고	반포고등학교
일반고	문일고등학교		일반고	상문고등학교
일반고	관악고등학교		일반고	서문여자고등학교
일반고	선유고등학교		일반고	서울고등학교
일반고	여의도고등학교		일반고	서초고등학교
일반고	여의도여자고등학교		일반고	양재고등학교
일반고	영등포여자고등학교		일반고	언남고등학교
일반고	영신고등학교		일반고	개포고등학교
일반고	동작고등학교		일반고	경기고등학교
일반고	성남고등학교		일반고	경기여자고등학교
일반고	수도여자고등학교		일반고	단국대학교사범대학부속고등학교
일반고	숭의여자고등학교		일반고	서울세종고등학교
일반고	영등포고등학교		일반고	숙명여자고등학교
일반고	광신고등학교		일반고	압구정고등학교
일반고	구암고등학교			

일반고	영동고등학교	일반고	광문고등학교
일반고	은광여자고등학교	일반고	동북고등학교
일반고	중산고등학교	일반고	둔촌고등학교
일반고	중앙대학교사범대학부속고등학교	일반고	명일여자고등학교
일반고	진선여자고등학교	일반고	상일여자고등학교
일반고	청담고등학교	일반고	선사고등학교
일반고	가락고등학교	일반고	성덕고등학교
일반고	문정고등학교	일반고	한영고등학교
일반고	문현고등학교	자율고	동성고등학교
일반고	방산고등학교	자율고	중앙고등학교
일반고	배명고등학교	자율고	성동고등학교
일반고	보성고등학교	자율고	이화여자고등학교
일반고	영동일고등학교	자율고	중경고등학교
일반고	영파여자고등학교	자율고	경일고등학교
일반고	오금고등학교	자율고	한양대학교사범대학부속고등학교
일반고	잠신고등학교	자율고	광양고등학교
일반고	잠실고등학교	자율고	경희고등학교
일반고	잠실여자고등학교	자율고	대광고등학교
일반고	잠일고등학교	자율고	청량고등학교
일반고	정신여자고등학교	자율고	면목고등학교
일반고	창덕여자고등학교	자율고	원묵고등학교
일반고	강동고등학교	자율고	경동고등학교
일반고	강일고등학교	자율고	미양고등학교

자율고	신일고등학교	자율고	중동고등학교
자율고	도봉고등학교	자율고	현대고등학교
자율고	선덕고등학교	자율고	휘문고등학교
자율고	수락고등학교	자율고	보인고등학교
자율고	대성고등학교	자율고	배재고등학교
자율고	하나고등학교	특성화고(직업)	경기상업고등학교
자율고	이화여자대학교사범대학부속이화금란고등학교	특성화고(직업)	대동세무고등학교
자율고	상암고등학교	특성화고(직업)	서일국제경영고등학교
자율고	서울여자고등학교	특성화고(직업)	경기여자상업고등학교
자율고	숭문고등학교	특성화고(직업)	대경정보산업고등학교
자율고	양정고등학교	특성화고(직업)	리라아트고등학교
자율고	한가람고등학교	특성화고(직업)	성동공업고등학교
자율고	등촌고등학교	특성화고(직업)	성동글로벌경영고등학교
자율고	고척고등학교	특성화고(직업)	한양공업고등학교
자율고	구현고등학교	특성화고(직업)	서울디지텍고등학교
자율고	우신고등학교	특성화고(직업)	선린인터넷고등학교
자율고	금천고등학교	특성화고(직업)	용산공업고등학교
자율고	대영고등학교	특성화고(직업)	덕수고등학교
자율고	장훈고등학교	특성화고(직업)	서울방송고등학교
자율고	경문고등학교	특성화고(직업)	성수공업고등학교
자율고	당곡고등학교	특성화고(직업)	정화여자상업고등학교
자율고	미림여자고등학교	특성화고(직업)	해성국제컨벤션고등학교
자율고	세화고등학교	특성화고(직업)	휘경공업고등학교
자율고	세화여자고등학교	특성화고(직업)	송곡관광고등학교

특성화고(직업)	이화여자대학교병설미디어고등학교	특성화고(직업)	은평메디텍고등학교
특성화고(직업)	고명정보산업고등학교	특성화고(직업)	서울디자인고등학교
특성화고(직업)	대일관광고등학교	특성화고(직업)	한세사이버보안고등학교
특성화고(직업)	동구마케팅고등학교	특성화고(직업)	홍익디자인고등학교
특성화고(직업)	서울도시과학기술고등학교	특성화고(직업)	서울금융고등학교
특성화고(직업)	성암국제무역고등학교	특성화고(직업)	서울영상고등학교
특성화고(직업)	서울문화고등학교	특성화고(직업)	강서공업고등학교
특성화고(직업)	세그루패션디자인고등학교	특성화고(직업)	경복비즈니스고등학교
특성화고(직업)	경기기계공업고등학교	특성화고(직업)	세민정보고등학교
특성화고(직업)	광운전자공업고등학교	특성화고(직업)	신정여자상업고등학교
특성화고(직업)	동산정보산업고등학교	특성화고(직업)	영등포공업고등학교
특성화고(직업)	미래산업과학고등학교	특성화고(직업)	화곡보건경영고등학교
특성화고(직업)	서울아이티고등학교	특성화고(직업)	덕일전자공업고등학교
특성화고(직업)	염광여자메디텍고등학교	특성화고(직업)	서서울생활과학고등학교
특성화고(직업)	영신간호비즈니스고등학교	특성화고(직업)	예림디자인고등학교
특성화고(직업)	인덕공업고등학교	특성화고(직업)	유한공업고등학교
특성화고(직업)	동명여자정보산업고등학교	특성화고(직업)	동일여자상업고등학교
특성화고(직업)	선일이비즈니스고등학교	특성화고(직업)	한강미디어고등학교
특성화고(직업)	선정관광고등학교	특성화고(직업)	서울공업고등학교
특성화고(직업)	세명컴퓨터고등학교	특성화고(직업)	광신정보산업고등학교
특성화고(직업)	신진자동차고등학교	특성화고(직업)	서울관광고등학교
특성화고(직업)	예일디자인고등학교	특성화고(직업)	서울여자상업고등학교
		특성화고(직업)	영락유헬스고등학교
		특성화고(직업)	서울전자고등학교

특성화고(직업)	단국공업고등학교	특수목적고	수도전기공업고등학교
특성화고(직업)	대진디자인고등학교	특수목적고	서울체육고등학교
특성화고(직업)	송파공업고등학교	특수목적고	한영외국어고등학교
특성화고(직업)	일신여자상업고등학교	부산	
특성화고(직업)	상일미디어고등학교	학교 유형	학교명
특성화고(직업)	서울컨벤션고등학교	일반고	남성여자고등학교
특수목적고	서울과학고등학교	일반고	동주여자고등학교
특수목적고	서울국제고등학교	일반고	혜광고등학교
특수목적고	서울예술고등학교	일반고	부경고등학교
특수목적고	이화여자외국어고등학교	일반고	부산서여자고등학교
특수목적고	대원외국어고등학교	일반고	금성고등학교
특수목적고	선화예술고등학교	일반고	데레사여자고등학교
특수목적고	대일외국어고등학교	일반고	부산고등학교
특수목적고	서울외국어고등학교	일반고	광명고등학교
특수목적고	한성과학고등학교	일반고	가야고등학교
특수목적고	덕원예술고등학교	일반고	개금고등학교
특수목적고	명덕외국어고등학교	일반고	경원고등학교
특수목적고	서울공연예술고등학교	일반고	부산동고등학교
특수목적고	세종과학고등학교	일반고	부산동성고등학교
특수목적고	전통예술고등학교	일반고	부산진여자고등학교
특수목적고	미림여자정보과학고등학교	일반고	성모여자고등학교
특수목적고	국악고등학교	일반고	양정고등학교
특수목적고	서울로봇고등학교	일반고	대명여자고등학교
		일반고	동래고등학교

일반고	동인고등학교	일반고	반여고등학교
일반고	부산중앙여자고등학교	일반고	부흥고등학교
일반고	사직고등학교	일반고	센텀고등학교
일반고	사직여자고등학교	일반고	신도고등학교
일반고	용인고등학교	일반고	양운고등학교
일반고	충렬고등학교	일반고	해강고등학교
일반고	학산여자고등학교	일반고	해운대여자고등학교
일반고	혜화여자고등학교	일반고	건국고등학교
일반고	대연고등학교	일반고	다대고등학교
일반고	동천고등학교	일반고	대동고등학교
일반고	문현여자고등학교	일반고	동아고등학교
일반고	배정고등학교	일반고	삼성여자고등학교
일반고	부성고등학교	일반고	성일여자고등학교
일반고	분포고등학교	일반고	해동고등학교
일반고	성지고등학교	일반고	금정여자고등학교
일반고	예문여자고등학교	일반고	남산고등학교
일반고	경혜여자고등학교	일반고	내성고등학교
일반고	금곡고등학교	일반고	동래여자고등학교
일반고	금명여자고등학교	일반고	부산대학교사범대학부설고등학교
일반고	만덕고등학교	일반고	브니엘고등학교
일반고	부산백양고등학교	일반고	브니엘여자고등학교
일반고	삼정고등학교	일반고	지산고등학교
일반고	성도고등학교	일반고	경일고등학교
일반고	화명고등학교		

일반고	덕문고등학교	자율고	부산여자고등학교
일반고	명호고등학교	자율고	연제고등학교
일반고	부산강서고등학교	자율고	사상고등학교
일반고	부산대저고등학교	자율고	주례여자고등학교
일반고	이사벨고등학교	특성화고(대안)	지구촌고등학교
일반고	덕문여자고등학교	특성화고(직업)	부산디지털고등학교
일반고	부산남일고등학교	특성화고(직업)	경성전자고등학교
일반고	부산동여자고등학교	특성화고(직업)	부산관광고등학교
일반고	구덕고등학교	특성화고(직업)	알로이시오전자기계고등학교
일반고	대덕여자고등학교	특성화고(직업)	부산컴퓨터과학고등학교
일반고	기장고등학교	특성화고(직업)	부산보건고등학교
일반고	부산장안고등학교	특성화고(직업)	부산영상예술고등학교
일반고	신정고등학교	특성화고(직업)	경남공업고등학교
일반고	장안제일고등학교	특성화고(직업)	동의공업고등학교
자율고	경남고등학교	특성화고(직업)	부산마케팅고등학교
자율고	경남여자고등학교	특성화고(직업)	부산정보고등학교
자율고	부산남고등학교	특성화고(직업)	부산진여자상업고등학교
자율고	영도여자고등학교	특성화고(직업)	세정상업고등학교
자율고	개성고등학교	특성화고(직업)	동래원예고등학교
자율고	부산진고등학교	특성화고(직업)	부산전자공업고등학교
자율고	금정고등학교	특성화고(직업)	대양전자통신고등학교
자율고	부산중앙고등학교	특성화고(직업)	대연정보고등학교
자율고	낙동고등학교	특성화고(직업)	부산경영고등학교
자율고	해운대고등학교		

특성화고(직업)	부산공업고등학교
특성화고(직업)	부산항만물류고등학교
특성화고(직업)	부산문화여자고등학교
특성화고(직업)	성심보건고등학교
특성화고(직업)	해운대공업고등학교
특성화고(직업)	해운대관광고등학교
특성화고(직업)	대광발명과학고등학교
특성화고(직업)	동아공업고등학교
특성화고(직업)	부일전자디자인고등학교
특성화고(직업)	금정전자공업고등학교
특성화고(직업)	대진정보통신고등학교
특성화고(직업)	부산정보관광고등학교
특성화고(직업)	부산산업과학고등학교
특성화고(직업)	계성여자상업고등학교
특성화고(직업)	부산여자상업고등학교
특성화고(직업)	부산에너지과학고등학교
특성화고(직업)	시온식품과학고등학교
특수목적고	부산체육고등학교
특수목적고	부산해사고등학교
특수목적고	부산국제고등학교
특수목적고	한국과학영재학교
특수목적고	한국조형예술고등학교
특수목적고	부산국제외국어고등학교
특수목적고	부산기계공업고등학교

학교 유형	학교명
특수목적고	부산일과학고등학교
특수목적고	부산자동차고등학교
특수목적고	부일외국어고등학교
특수목적고	부산과학고등학교
특수목적고	부산예술고등학교
특수목적고	브니엘국제예술고등학교
특수목적고	부산외국어고등학교
대구	
학교 유형	학교명
일반고	경북대학교사범대학부설고등학교
일반고	신명고등학교
일반고	대구동부고등학교
일반고	영신고등학교
일반고	정동고등학교
일반고	청구고등학교
일반고	경덕여자고등학교
일반고	대구제일고등학교
일반고	심인고등학교
일반고	협성고등학교
일반고	강북고등학교
일반고	경명여자고등학교
일반고	경상고등학교
일반고	경상여자고등학교

일반고	천고등학교	일반고	성산고등학교
일반고	성광고등학교	일반고	성서고등학교
일반고	성화여자고등학교	일반고	송현여자고등학교
일반고	영송여자고등학교	일반고	영남고등학교
일반고	영진고등학교	일반고	와룡고등학교
일반고	운암고등학교	일반고	원화여자고등학교
일반고	함지고등학교	일반고	효성여자고등학교
일반고	경북고등학교	일반고	다사고등학교
일반고	능인고등학교	일반고	달서고등학교
일반고	대구남산고등학교	일반고	대원고등학교
일반고	대구여자고등학교	일반고	현풍고등학교
일반고	대구중앙고등학교	일반고	화원고등학교
일반고	대구혜화여자고등학교	자율고	경북여자고등학교
일반고	대륜고등학교	자율고	계성고등학교
일반고	덕원고등학교	자율고	강동고등학교
일반고	동문고등학교	자율고	달성고등학교
일반고	시지고등학교	자율고	대구서부고등학교
일반고	오성고등학교	자율고	경일여자고등학교
일반고	정화여자고등학교	자율고	대구고등학교
일반고	경원고등학교	자율고	구암고등학교
일반고	경화여자고등학교	자율고	칠성고등학교
일반고	대곡고등학교	자율고	학남고등학교
일반고	대구상원고등학교	자율고	경신고등학교
일반고	도원고등학교	자율고	수성고등학교

자율고	대건고등학교	특성화고(직업)	대중금속공업고등학교
자율고	대진고등학교	특수목적고	대구일과학고등학교
자율고	상인고등학교	특수목적고	경북예술고등학교
자율고	호산고등학교	특수목적고	대구체육고등학교
자율고	포산고등학교	특수목적고	대구과학고등학교
특성화고(직업)	경북공업고등학교	특수목적고	경북기계공업고등학교
특성화고(대안)	달구벌고등학교	특수목적고	대구외국어고등학교
특성화고(직업)	대구공업고등학교	인천	
특성화고(직업)	대구관광고등학교	학교 유형	학교명
특성화고(직업)	대구동부공업고등학교	일반고	광성고등학교
특성화고(직업)	조일로봇고등학교	일반고	인성여자고등학교
특성화고(직업)	대구서부공업고등학교	일반고	인일여자고등학교
특성화고(직업)	경북여자상업고등학교	일반고	인천영종고등학교
특성화고(직업)	경상공업고등학교	일반고	제물포고등학교
특성화고(직업)	대구여자상업고등학교	일반고	동산고등학교
특성화고(직업)	대구자연과학고등학교	일반고	박문여자고등학교
특성화고(직업)	영남공업고등학교	일반고	선인고등학교
특성화고(직업)	구남보건고등학교	일반고	인명여자고등학교
특성화고(직업)	대구달서공업고등학교	일반고	인천고등학교
특성화고(직업)	대구전자공업고등학교	일반고	인하대학교사범대학부속고등학교
특성화고(직업)	대구제일여자상업고등학교	일반고	인항고등학교
특성화고(직업)	상서고등학교	일반고	인화여자고등학교
특성화고(직업)	달성정보고등학교	일반고	학익고등학교

일반고	학익여자고등학교	일반고	부개여자고등학교
일반고	송도고등학교	일반고	부광고등학교
일반고	신송고등학교	일반고	부광여자고등학교
일반고	연수고등학교	일반고	부평고등학교
일반고	연수여자고등학교	일반고	부평여자고등학교
일반고	옥련여자고등학교	일반고	삼산고등학교
일반고	인천대건고등학교	일반고	세일고등학교
일반고	인천여자고등학교	일반고	인천부흥고등학교
일반고	인천연송고등학교	일반고	인천산곡고등학교
일반고	인천해송고등학교	일반고	인천영선고등학교
일반고	도림고등학교	일반고	제일고등학교
일반고	문일여자고등학교	일반고	계산고등학교
일반고	석정여자고등학교	일반고	계산여자고등학교
일반고	숭덕여자고등학교	일반고	계양고등학교
일반고	신명여자고등학교	일반고	서운고등학교
일반고	인제고등학교	일반고	안남고등학교
일반고	인천고잔고등학교	일반고	인천세원고등학교
일반고	인천남고등학교	일반고	인천효성고등학교
일반고	인천남동고등학교	일반고	작전고등학교
일반고	인천논현고등학교	일반고	작전여자고등학교
일반고	인천만수고등학교	일반고	가림고등학교
일반고	인천송천고등학교	일반고	가정고등학교
일반고	명신여자고등학교	일반고	가좌고등학교
일반고	부개고등학교	일반고	검단고등학교

일반고	대인고등학교	특성화고(대안)	산마을고등학교
일반고	백석고등학교	특성화고(직업)	영종국제물류고등학교
일반고	서인천고등학교	특성화고(직업)	인천여자상업고등학교
일반고	인천원당고등학교	특성화고(직업)	인천정보산업고등학교
일반고	인천청라고등학교	특성화고(직업)	인천중앙여자상업고등학교
일반고	인천초은고등학교	특성화고(직업)	영화관광경영고등학교
일반고	인천해원고등학교	특성화고(직업)	재능고등학교
일반고	강화여자고등학교	특성화고(직업)	도화기계공업고등학교
일반고	교동고등학교	특성화고(직업)	문학정보고등학교
일반고	덕신고등학교	특성화고(직업)	인천기계공업고등학교
일반고	삼량고등학교	특성화고(직업)	인천비즈니스고등학교
일반고	서도고등학교	특성화고(직업)	인천하이텍고등학교
일반고	대청고등학교	특성화고(직업)	정석항공과학고등학교
일반고	덕적고등학교	특성화고(직업)	인천생활과학고등학교
일반고	백령고등학교	특성화고(직업)	인천여자공업고등학교
일반고	연평고등학교	특성화고(직업)	인천해양과학고등학교
일반고	인천영흥고등학교	특성화고(직업)	청학공업고등학교
자율고	인천공항고등학교	특성화고(직업)	한국문화콘텐츠고등학교
자율고	인천하늘고등학교	특성화고(직업)	부평공업고등학교
자율고	동인천고등학교	특성화고(직업)	부평디자인과학고등학교
자율고	인천상정고등학교	특성화고(직업)	인천세무고등학교
자율고	인천예일고등학교	특성화고(직업)	인평자동차정보고등학교
자율고	인천신현고등학교	특성화고(직업)	계산공업고등학교
자율고	강화고등학교		

학교 유형	학교명
특성화고(직업)	경인여자고등학교
특성화고(직업)	인천디자인고등학교
특성화고(직업)	한진고등학교
특성화고(직업)	강남영상미디어고등학교
특수목적고	인천과학고등학교
특수목적고	인천국제고등학교
특수목적고	인천해사고등학교
특수목적고	인천전자마이스터고등학교
특수목적고	미추홀외국어고등학교
특수목적고	인천예술고등학교
특수목적고	인천외국어고등학교
특수목적고	인천진산과학고등학교
특수목적고	인천체육고등학교

광주	
학교 유형	학교명
일반고	살레시오여자고등학교
일반고	전남여자고등학교
일반고	조선대학교부속고등학교
일반고	조선대학교여자고등학교
일반고	광덕고등학교
일반고	광주대동고등학교
일반고	광주서석고등학교
일반고	광주여자고등학교

학교 유형	학교명
일반고	상무고등학교
일반고	전남고등학교
일반고	풍암고등학교
일반고	광주동성고등학교
일반고	광주석산고등학교
일반고	광주수피아여자고등학교
일반고	광주인성고등학교
일반고	대광여자고등학교
일반고	대성여자고등학교
일반고	동아여자고등학교
일반고	문성고등학교
일반고	서진여자고등학교
일반고	설월여자고등학교
일반고	송원여자고등학교
일반고	숭의고등학교
일반고	호남삼육고등학교
일반고	고려고등학교
일반고	광주경신여자고등학교
일반고	광주동신고등학교
일반고	광주동신여자고등학교
일반고	광주숭일고등학교
일반고	국제고등학교
일반고	금호고등학교
일반고	금호중앙여자고등학교

일반고	문정여자고등학교	특성화고(직업)	송원여자상업고등학교
일반고	빛고을고등학교	특성화고(직업)	광주공업고등학교
일반고	살레시오고등학교	특성화고(직업)	광주자연과학고등학교
일반고	서강고등학교	특성화고(직업)	금파공업고등학교
일반고	전남대학교사범대학부설고등학교	특성화고(직업)	전남여자상업고등학교
일반고	광일고등학교	특성화고(직업)	광주경영고등학교
일반고	광주진흥고등학교	특성화고(직업)	광주전자공업고등학교
일반고	명진고등학교	특성화고(직업)	전남공업고등학교
일반고	보문고등학교	특수목적고	광주과학고등학교
일반고	성덕고등학교	특수목적고	광주예술고등학교
일반고	수완고등학교	특수목적고	광주체육고등학교
일반고	운남고등학교	특수목적고	광주자동화설비공업고등학교
일반고	장덕고등학교	**대전**	
일반고	정광고등학교	학교 유형	학교명
일반고	첨단고등학교	일반고	대전가오고등학교
자율고	광주고등학교	일반고	명석고등학교
자율고	상일여자고등학교	일반고	보문고등학교
자율고	송원고등학교	일반고	우송고등학교
자율고	광주제일고등학교	일반고	남대전고등학교
자율고	숭덕고등학교	일반고	대전동산고등학교
특성화고(대안)	동명고등학교	일반고	대전성모여자고등학교
특성화고(직업)	광주여자상업고등학교	일반고	대전중앙고등학교
특성화고(직업)	동일전자정보고등학교	일반고	대전한빛고등학교

일반고	청란여자고등학교	일반고	중일고등학교
일반고	충남여자고등학교	일반고	대전이문고등학교
일반고	호수돈여자고등학교	일반고	동대전고등학교
일반고	대전관저고등학교	일반고	신탄진고등학교
일반고	대전괴정고등학교	자율고	대전여자고등학교
일반고	대전구봉고등학교	자율고	대성고등학교
일반고	대전둔산여자고등학교	자율고	대전고등학교
일반고	대전둔원고등학교	자율고	대전대신고등학교
일반고	대전만년고등학교	자율고	서대전여자고등학교
일반고	대전복수고등학교	자율고	충남고등학교
일반고	대전제일고등학교	자율고	대전노은고등학교
일반고	동방고등학교	자율고	대전송촌고등학교
일반고	서대전고등학교	특성화고(직업)	계룡공업고등학교
일반고	서일고등학교	특성화고(직업)	대성여자고등학교
일반고	서일여자고등학교	특성화고(직업)	대전국제통상고등학교
일반고	한밭고등학교	특성화고(직업)	대전신일여자고등학교
일반고	대덕고등학교	특성화고(직업)	대전여자상업고등학교
일반고	대전도안고등학교	특성화고(직업)	충남기계공업고등학교
일반고	대전반석고등학교	특성화고(직업)	대덕전자기계고등학교
일반고	대전용산고등학교	특성화고(직업)	대전공업고등학교
일반고	대전전민고등학교	특성화고(직업)	대전전자디자인고등학교
일반고	대전지족고등학교	특성화고(직업)	유성생명과학고등학교
일반고	유성고등학교	특성화고(직업)	경덕공업고등학교
일반고	유성여자고등학교	특수목적고	대전동신과학고등학교

특수목적고	동아마이스터고등학교		일반고	울산제일고등학교
특수목적고	대전외국어고등학교		일반고	학성고등학교
특수목적고	대전과학고등학교		일반고	남목고등학교
특수목적고	대전예술고등학교		일반고	대송고등학교
특수목적고	대전체육고등학교		일반고	방어진고등학교
울산			일반고	현대고등학교
학교 유형	학교명		일반고	화암고등학교
일반고	다운고등학교		일반고	달천고등학교
일반고	울산고등학교		일반고	매곡고등학교
일반고	울산중앙고등학교		일반고	무룡고등학교
일반고	울산중앙여자고등학교		일반고	울산동천고등학교
일반고	학성여자고등학교		일반고	호계고등학교
일반고	함월고등학교		일반고	화봉고등학교
일반고	대현고등학교		일반고	효정고등학교
일반고	무거고등학교		일반고	남창고등학교
일반고	문수고등학교		일반고	범서고등학교
일반고	삼산고등학교		일반고	언양고등학교
일반고	삼일여자고등학교		일반고	울산경의고등학교
일반고	성광여자고등학교		일반고	홍명고등학교
일반고	신선여자고등학교		자율고	성신고등학교
일반고	신정고등학교		자율고	약사고등학교
일반고	우신고등학교		자율고	문현고등학교
일반고	울산강남고등학교		자율고	현대청운고등학교
일반고	울산여자고등학교		특성화고(직업)	울산애니원고등학교

특성화고(직업)	울산공업고등학교
특성화고(직업)	울산여자상업고등학교
특성화고(직업)	울산생활과학고등학교
특성화고(직업)	현대공업고등학교
특성화고(직업)	울산경영정보고등학교
특성화고(직업)	울산미용예술고등학교
특성화고(직업)	울산산업고등학교
특성화고(직업)	울산상업고등학교
특수목적고	울산마이스터고등학교
특수목적고	울산스포츠과학고등학교
특수목적고	울산에너지고등학교
특수목적고	울산외국어고등학교
특수목적고	울산과학고등학교
특수목적고	울산예술고등학교

세종	
학교 유형	학교명
일반고	도담고등학교
일반고	성남고등학교
일반고	세종고등학교
일반고	아름고등학교
일반고	조치원여자고등학교
자율고	한솔고등학교
특성화고(직업)	세종하이텍고등학교
특수목적고	세종국제고등학교

경기	
학교 유형	학교명
일반고	광교고등학교
일반고	권선고등학교
일반고	대평고등학교
일반고	동우여자고등학교
일반고	동원고등학교
일반고	망포고등학교
일반고	매원고등학교
일반고	매탄고등학교
일반고	수성고등학교
일반고	수원고등학교
일반고	수원여자고등학교
일반고	수원칠보고등학교
일반고	수일고등학교
일반고	숙지고등학교
일반고	영덕고등학교
일반고	영복여자고등학교
일반고	영생고등학교
일반고	영신여자고등학교
일반고	유신고등학교
일반고	율천고등학교
일반고	장안고등학교
일반고	조원고등학교

일반고	창현고등학교	일반고	수내고등학교
일반고	천천고등학교	일반고	숭신여자고등학교
일반고	청명고등학교	일반고	야탑고등학교
일반고	태장고등학교	일반고	운중고등학교
일반고	호매실고등학교	일반고	이매고등학교
일반고	화홍고등학교	일반고	태원고등학교
일반고	효원고등학교	일반고	풍생고등학교
일반고	낙생고등학교	일반고	한솔고등학교
일반고	늘푸른고등학교	일반고	효성고등학교
일반고	돌마고등학교	일반고	계남고등학교
일반고	동광고등학교	일반고	덕산고등학교
일반고	보평고등학교	일반고	도당고등학교
일반고	복정고등학교	일반고	범박고등학교
일반고	분당고등학교	일반고	부명고등학교
일반고	분당대진고등학교	일반고	부천고등학교
일반고	분당영덕여자고등학교	일반고	부천북고등학교
일반고	분당중앙고등학교	일반고	부천여자고등학교
일반고	불곡고등학교	일반고	상동고등학교
일반고	삼평고등학교	일반고	상원고등학교
일반고	서현고등학교	일반고	상일고등학교
일반고	성남서고등학교	일반고	소명여자고등학교
일반고	성남여자고등학교	일반고	소사고등학교
일반고	성일고등학교	일반고	송내고등학교
일반고	송림고등학교	일반고	수주고등학교

일반고	시온고등학교	일반고	경안고등학교
일반고	심원고등학교	일반고	고잔고등학교
일반고	역곡고등학교	일반고	광덕고등학교
일반고	원미고등학교	일반고	단원고등학교
일반고	원종고등학교	일반고	대부고등학교
일반고	정명고등학교	일반고	부곡고등학교
일반고	중원고등학교	일반고	상록고등학교
일반고	중흥고등학교	일반고	선부고등학교
일반고	관양고등학교	일반고	성안고등학교
일반고	동안고등학교	일반고	성포고등학교
일반고	백영고등학교	일반고	송호고등학교
일반고	부흥고등학교	일반고	신길고등학교
일반고	성문고등학교	일반고	안산강서고등학교
일반고	신성고등학교	일반고	안산고등학교
일반고	안양고등학교	일반고	양지고등학교
일반고	안양여자고등학교	일반고	원곡고등학교
일반고	양명고등학교	일반고	초지고등학교
일반고	양명여자고등학교	일반고	구성고등학교
일반고	인덕원고등학교	일반고	기흥고등학교
일반고	충훈고등학교	일반고	대지고등학교
일반고	평촌고등학교	일반고	동백고등학교
일반고	과천고등학교	일반고	백암고등학교
일반고	과천여자고등학교	일반고	보라고등학교
일반고	과천중앙고등학교	일반고	보정고등학교

일반고	상현고등학교	일반고	모락고등학교
일반고	서원고등학교	일반고	백운고등학교
일반고	서천고등학교	일반고	우성고등학교
일반고	성복고등학교	일반고	군서고등학교
일반고	성지고등학교	일반고	서해고등학교
일반고	수지고등학교	일반고	소래고등학교
일반고	신갈고등학교	일반고	시흥고등학교
일반고	신봉고등학교	일반고	시흥능곡고등학교
일반고	용인고등학교	일반고	시흥매화고등학교
일반고	용인백현고등학교	일반고	신천고등학교
일반고	죽전고등학교	일반고	은행고등학교
일반고	청덕고등학교	일반고	장곡고등학교
일반고	초당고등학교	일반고	정왕고등학교
일반고	태성고등학교	일반고	비전고등학교
일반고	포곡고등학교	일반고	송탄고등학교
일반고	풍덕고등학교	일반고	송탄제일고등학교
일반고	현암고등학교	일반고	신한고등학교
일반고	홍천고등학교	일반고	안중고등학교
일반고	흥덕고등학교	일반고	은혜고등학교
일반고	군포고등학교	일반고	이충고등학교
일반고	산본고등학교	일반고	진위고등학교
일반고	수리고등학교	일반고	태광고등학교
일반고	용호고등학교	일반고	평택고등학교
일반고	흥진고등학교	일반고	평택여자고등학교

일반고	한광고등학교	일반고	광명고등학교
일반고	한광여자고등학교	일반고	광명북고등학교
일반고	현화고등학교	일반고	광문고등학교
일반고	효명고등학교	일반고	광휘고등학교
일반고	나루고등학교	일반고	명문고등학교
일반고	남양고등학교	일반고	소하고등학교
일반고	능동고등학교	일반고	운산고등학교
일반고	동탄고등학교	일반고	진성고등학교
일반고	반송고등학교	일반고	경화여자고등학교
일반고	병점고등학교	일반고	곤지암고등학교
일반고	봉담고등학교	일반고	광남고등학교
일반고	비봉고등학교	일반고	광주고등학교
일반고	송산고등학교	일반고	광주중앙고등학교
일반고	안화고등학교	일반고	초월고등학교
일반고	예당고등학교	일반고	남한고등학교
일반고	향남고등학교	일반고	신장고등학교
일반고	향일고등학교	일반고	풍산고등학교
일반고	화성고등학교	일반고	하남고등학교
일반고	매홀고등학교	일반고	김포고등학교
일반고	성호고등학교	일반고	김포제일고등학교
일반고	세교고등학교	일반고	마송고등학교
일반고	오산고등학교	일반고	사우고등학교
일반고	운암고등학교	일반고	솔터고등학교
일반고	운천고등학교	일반고	양곡고등학교

일반고	운양고등학교	일반고	여주고등학교
일반고	장기고등학교	일반고	여주제일고등학교
일반고	통진고등학교	일반고	이포고등학교
일반고	풍무고등학교	일반고	점동고등학교
일반고	하성고등학교	일반고	양동고등학교
일반고	다산고등학교	일반고	양서고등학교
일반고	마장고등학교	일반고	양일고등학교
일반고	부원고등학교	일반고	양평고등학교
일반고	율면고등학교	일반고	용문고등학교
일반고	이천고등학교	일반고	지평고등학교
일반고	이천양정여자고등학교	일반고	청운고등학교
일반고	이천제일고등학교	일반고	가좌고등학교
일반고	이현고등학교	일반고	고양동산고등학교
일반고	장호원고등학교	일반고	고양일고등학교
일반고	효양고등학교	일반고	능곡고등학교
일반고	가온고등학교	일반고	대화고등학교
일반고	경기창조고등학교	일반고	덕이고등학교
일반고	안법고등학교	일반고	무원고등학교
일반고	안성고등학교	일반고	백마고등학교
일반고	안성여자고등학교	일반고	백석고등학교
일반고	죽산고등학교	일반고	백송고등학교
일반고	대신고등학교	일반고	백신고등학교
일반고	세종고등학교	일반고	백양고등학교
일반고	여강고등학교	일반고	서정고등학교

일반고	성사고등학교		일반고	진접고등학교
일반고	세원고등학교		일반고	퇴계원고등학교
일반고	안곡고등학교		일반고	판곡고등학교
일반고	일산대진고등학교		일반고	평내고등학교
일반고	일산동고등학교		일반고	호평고등학교
일반고	저동고등학교		일반고	구리고등학교
일반고	정발고등학교		일반고	구리여자고등학교
일반고	주엽고등학교		일반고	서울삼육고등학교
일반고	중산고등학교		일반고	수택고등학교
일반고	풍동고등학교		일반고	인창고등학교
일반고	행신고등학교		일반고	토평고등학교
일반고	화수고등학교		일반고	경민고등학교
일반고	화정고등학교		일반고	동국대학교사범대학부속영석고등학교
일반고	가운고등학교		일반고	발곡고등학교
일반고	광동고등학교		일반고	부용고등학교
일반고	금곡고등학교		일반고	상우고등학교
일반고	덕소고등학교		일반고	송현고등학교
일반고	도농고등학교		일반고	의정부고등학교
일반고	동화고등학교		일반고	의정부광동고등학교
일반고	마석고등학교		일반고	의정부여자고등학교
일반고	별내고등학교		일반고	호원고등학교
일반고	심석고등학교		일반고	효자고등학교
일반고	오남고등학교		일반고	광탄고등학교
일반고	진건고등학교			

일반고	교하고등학교	일반고	일동고등학교
일반고	금촌고등학교	일반고	포천고등학교
일반고	동패고등학교	일반고	포천일고등학교
일반고	문산고등학교	일반고	가평고등학교
일반고	문산여자고등학교	일반고	설악고등학교
일반고	문산제일고등학교	일반고	조종고등학교
일반고	봉일천고등학교	일반고	청평고등학교
일반고	삼광고등학교	일반고	연천고등학교
일반고	율곡고등학교	일반고	전곡고등학교
일반고	파주고등학교	자율고	고색고등학교
일반고	파주여자고등학교	자율고	안산동산고등학교
일반고	한민고등학교	자율고	용인한국외국어대학교부설고등학교
일반고	한빛고등학교	자율고	부곡중앙고등학교
일반고	동두천고등학교	자율고	의왕고등학교
일반고	동두천중앙고등학교	자율고	함현고등학교
일반고	보영여자고등학교	자율고	세마고등학교
일반고	신흥고등학교	자율고	충현고등학교
일반고	덕계고등학교	자율고	저현고등학교
일반고	덕정고등학교	자율고	와부고등학교
일반고	덕현고등학교	자율고	청학고등학교
일반고	양주백석고등학교	자율고	운정고등학교
일반고	관인고등학교	자율고	양주고등학교
일반고	동남고등학교	특성화고(대안)	경기대명고등학교
일반고	송우고등학교		

특성화고(대안)	이우고등학교	특성화고(직업)	평촌경영고등학교
특성화고(대안)	두레자연고등학교	특성화고(직업)	평촌공업고등학교
특성화고(대안)	한겨레고등학교	특성화고(직업)	경기모바일과학고등학교
특성화고(직업)	매향여자정보고등학교	특성화고(직업)	경일관광경영고등학교
특성화고(직업)	삼일공업고등학교	특성화고(직업)	안산공업고등학교
특성화고(직업)	삼일상업고등학교	특성화고(직업)	안산국제비즈니스고등학교
특성화고(직업)	수원공업고등학교	특성화고(직업)	안산디자인문화고등학교
특성화고(직업)	수원농생명과학고등학교	특성화고(직업)	한국디지털미디어고등학교
특성화고(직업)	수원전산여자고등학교	특성화고(직업)	용인바이오고등학교
특성화고(직업)	수원정보과학고등학교	특성화고(직업)	용인정보고등학교
특성화고(직업)	분당경영고등학교	특성화고(직업)	군포e비즈니스고등학교
특성화고(직업)	성남금융고등학교	특성화고(직업)	산본공업고등학교
특성화고(직업)	성남방송고등학교	특성화고(직업)	경기자동차과학고등학교
특성화고(직업)	성보경영고등학교	특성화고(직업)	군자공업고등학교
특성화고(직업)	성일정보고등학교	특성화고(직업)	시화공업고등학교
특성화고(직업)	양영디지털고등학교	특성화고(직업)	한국조리과학고등학교
특성화고(직업)	경기국제통상고등학교	특성화고(직업)	경기물류고등학교
특성화고(직업)	부천공업고등학교	특성화고(직업)	동일공업고등학교
특성화고(직업)	부천정보산업고등학교	특성화고(직업)	청담고등학교
특성화고(직업)	정명정보고등학교	특성화고(직업)	한국관광고등학교
특성화고(직업)	경기글로벌통상고등학교	특성화고(직업)	발안바이오과학고등학교
특성화고(직업)	근명여자정보고등학교	특성화고(직업)	삼괴고등학교
특성화고(직업)	안양공업고등학교	특성화고(직업)	홍익디자인고등학교
특성화고(직업)	안양여자상업고등학교		

특성화고(직업)	오산정보고등학교	특성화고(직업)	경기세무고등학교
특성화고(직업)	광명공업고등학교	특성화고(직업)	세경고등학교
특성화고(직업)	광명정보산업고등학교	특성화고(직업)	한국문화영상고등학교
특성화고(직업)	경화여자English Business고등학교	특성화고(직업)	한국외식과학고등학교
특성화고(직업)	하남경영고등학교	특성화고(직업)	영북고등학교
특성화고(직업)	한국애니메이션고등학교	특수목적고	경기과학고등학교
특성화고(직업)	김포제일공업고등학교	특수목적고	경기체육고등학교
특성화고(직업)	이천세무고등학교	특수목적고	수원외국어고등학교
특성화고(직업)	한국도예고등학교	특수목적고	수원하이텍고등학교
특성화고(직업)	안성두원공업고등학교	특수목적고	계원예술고등학교
특성화고(직업)	일죽고등학교	특수목적고	성남외국어고등학교
특성화고(직업)	경기관광고등학교	특수목적고	경기예술고등학교
특성화고(직업)	여주자영농업고등학교	특수목적고	안양예술고등학교
특성화고(직업)	양평전자과학고등학교	특수목적고	안양외국어고등학교
특성화고(직업)	경기영상과학고등학교	특수목적고	과천외국어고등학교
특성화고(직업)	고양고등학교	특수목적고	경기외국어고등학교
특성화고(직업)	신일비즈니스고등학교	특수목적고	평택기계공업고등학교
특성화고(직업)	일산고등학교	특수목적고	동탄국제고등학교
특성화고(직업)	일산국제컨벤션고등학교	특수목적고	김포외국어고등학교
특성화고(직업)	남양주공업고등학교	특수목적고	고양국제고등학교
특성화고(직업)	경민IT고등학교	특수목적고	고양예술고등학교
특성화고(직업)	경민비즈니스고등학교	특수목적고	고양외국어고등학교
		특수목적고	경기북과학고등학교
특성화고(직업)	의정부공업고등학교	특수목적고	동두천외국어고등학교

특수목적고	청심국제고등학교
강원	
학교 유형	학교명
일반고	강원고등학교
일반고	강원대학교사범대학부설고등학교
일반고	봉의고등학교
일반고	성수고등학교
일반고	성수여자고등학교
일반고	유봉여자고등학교
일반고	춘천고등학교
일반고	춘천여자고등학교
일반고	대성고등학교
일반고	문막고등학교
일반고	북원여자고등학교
일반고	상지여자고등학교
일반고	원주고등학교
일반고	원주삼육고등학교
일반고	원주여자고등학교
일반고	육민관고등학교
일반고	진광고등학교
일반고	치악고등학교
일반고	강릉고등학교
일반고	강릉명륜고등학교
일반고	강릉문성고등학교

일반고	강릉여자고등학교
일반고	강릉제일고등학교
일반고	강일여자고등학교
일반고	경포고등학교
일반고	주문진고등학교
일반고	동해광희고등학교
일반고	동해삼육고등학교
일반고	묵호고등학교
일반고	북평고등학교
일반고	북평여자고등학교
일반고	장성여자고등학교
일반고	철암고등학교
일반고	황지고등학교
일반고	설악고등학교
일반고	속초고등학교
일반고	속초여자고등학교
일반고	가곡고등학교
일반고	도계고등학교
일반고	삼일고등학교
일반고	삼척고등학교
일반고	삼척여자고등학교
일반고	원덕고등학교
일반고	하장고등학교
일반고	내면고등학교

일반고	서석고등학교	일반고	김화고등학교
일반고	홍천고등학교	일반고	신철원고등학교
일반고	홍천여자고등학교	일반고	철원고등학교
일반고	갑천고등학교	일반고	철원여자고등학교
일반고	둔내고등학교	일반고	간동고등학교
일반고	안흥고등학교	일반고	사내고등학교
일반고	횡성고등학교	일반고	화천고등학교
일반고	횡성여자고등학교	일반고	양구고등학교
일반고	마차고등학교	일반고	양구여자고등학교
일반고	상동고등학교	일반고	기린고등학교
일반고	석정여자고등학교	일반고	신남고등학교
일반고	영월고등학교	일반고	원통고등학교
일반고	주천고등학교	일반고	인제고등학교
일반고	대화고등학교	일반고	고성고등학교
일반고	봉평고등학교	일반고	대진고등학교
일반고	상지대관령고등학교	일반고	양양고등학교
일반고	진부고등학교	일반고	양양여자고등학교
일반고	평창고등학교	자율고	민족사관고등학교
일반고	고한고등학교	특성화교(대안)	전인고등학교
일반고	사북고등학교	특성화교(대안)	팔렬고등학교
일반고	여량고등학교	특성화교(직업)	강원애니고등학교
일반고	임계고등학교	특성화교(직업)	소양고등학교
일반고	정선고등학교	특성화교(직업)	춘천기계공업고등학교
일반고	함백고등학교	특성화교(직업)	춘천한샘고등학교

특성화교(직업)	영서고등학교	특수목적고	강원외국어고등학교
특성화교(직업)	원주공업고등학교	충북	
특성화교(직업)	원주금융회계고등학교	학교 유형	학교명
특성화교(직업)	강릉정보공업고등학교	일반고	금천고등학교
특성화교(직업)	강릉중앙고등학교	일반고	봉명고등학교
특성화교(직업)	동해상업고등학교	일반고	산남고등학교
특성화교(직업)	태백기계공업고등학교	일반고	상당고등학교
특성화교(직업)	황지정보산업고등학교	일반고	서원고등학교
특성화교(직업)	도계전산정보고등학교	일반고	세광고등학교
특성화교(직업)	강원생활과학고등학교	일반고	양청고등학교
특성화교(직업)	홍천농업고등학교	일반고	오창고등학교
특성화교(직업)	영월공업고등학교	일반고	운호고등학교
특성화교(직업)	정선정보공업고등학교	일반고	일신여자고등학교
특성화교(직업)	김화공업고등학교	일반고	주성고등학교
특성화교(직업)	화천정보산업고등학교	일반고	청석고등학교
특성화교(직업)	거진정보공업고등학교	일반고	청주대성고등학교
특성화교(직업)	동광산업과학고등학교	일반고	청주신흥고등학교
특수목적고	강원체육고등학교	일반고	청주여자고등학교
특수목적고	강원과학고등학교	일반고	청주중앙여자고등학교
특수목적고	원주의료고등학교	일반고	충북고등학교
특수목적고	강원예술고등학교	일반고	충북대학교사범대학부설고등학교
특수목적고	삼척마이스터고등학교	일반고	충북여자고등학교
		일반고	한국교원대학교부설고등학교

일반고	흥덕고등학교	일반고	음성고등학교
일반고	국원고등학교	일반고	단산고등학교
일반고	주덕고등학교	일반고	형석고등학교
일반고	충원고등학교	자율고	오송고등학교
일반고	충주대원고등학교	자율고	청원고등학교
일반고	충주여자고등학교	자율고	청주고등학교
일반고	충주중산고등학교	자율고	충주고등학교
일반고	세명고등학교	자율고	충주예성여자고등학교
일반고	제천고등학교	자율고	단양고등학교
일반고	제천여자고등학교	특성화고(대안)	양업고등학교
일반고	제천제일고등학교	특성화고(직업)	대성여자상업고등학교
일반고	보은고등학교	특성화고(직업)	청주공업고등학교
일반고	보은여자고등학교	특성화고(직업)	청주농업고등학교
일반고	옥천고등학교	특성화고(직업)	청주여자상업고등학교
일반고	청산고등학교	특성화고(직업)	충북공업고등학교
일반고	영동고등학교	특성화고(직업)	충북인터넷고등학교
일반고	학산고등학교	특성화고(직업)	충북전산기계고등학교
일반고	황간고등학교	특성화고(직업)	현도정보고등학교
일반고	광혜원고등학교	특성화고(직업)	충주공업고등학교
일반고	진천고등학교	특성화고(직업)	충주상업고등학교
일반고	괴산고등학교	특성화고(직업)	한림디자인고등학교
일반고	목도고등학교	특성화고(직업)	제천디지털전자고등학교
일반고	대소금왕고등학교	특성화고(직업)	제천산업고등학교
일반고	매괴고등학교	특성화고(직업)	제천상업고등학교

학교 유형	학교명	학교 유형	학교명
특성화고(직업)	보은자영고등학교	일반고	천안두정고등학교
특성화고(직업)	보은정보고등학교	일반고	천안신당고등학교
특성화고(직업)	옥천상업고등학교	일반고	천안쌍용고등학교
특성화고(직업)	영동산업과학고등학교	일반고	천안여자고등학교
특성화고(직업)	영동인터넷고등학교	일반고	천안오성고등학교
특성화고(직업)	진천상업고등학교	일반고	천안월봉고등학교
특성화고(직업)	한국호텔관광고등학교	일반고	천안제일고등학교
특성화고(직업)	증평공업고등학교	일반고	천안중앙고등학교
특성화고(직업)	증평정보고등학교	일반고	천안청수고등학교
특수목적고	청주외국어고등학교	일반고	공주고등학교
특수목적고	충북과학고등학교	일반고	공주금성여자고등학교
특수목적고	충북에너지고등학교	일반고	공주대학교사범대학부설고등학교
특수목적고	충북예술고등학교	일반고	공주여자고등학교
특수목적고	충북체육고등학교	일반고	공주영명고등학교
특수목적고	한국바이오마이스터고등학교	일반고	한일고등학교
특수목적고	충북반도체고등학교	일반고	대천고등학교
충남		일반고	대천여자고등학교
학교 유형	학교명	일반고	웅천고등학교
일반고	목천고등학교	일반고	배방고등학교
일반고	복자여자고등학교	일반고	설화고등학교
일반고	북일여자고등학교	일반고	아산고등학교
일반고	성환고등학교	일반고	온양고등학교
일반고	천안고등학교	일반고	온양여자고등학교

일반고	온양용화고등학교	일반고	청양고등학교
일반고	온양한올고등학교	일반고	갈산고등학교
일반고	부석고등학교	일반고	광천고등학교
일반고	서령고등학교	일반고	광천제일고등학교
일반고	서산고등학교	일반고	서해삼육고등학교
일반고	서산여자고등학교	일반고	홍성고등학교
일반고	서산중앙고등학교	일반고	홍성여자고등학교
일반고	서일고등학교	일반고	홍주고등학교
일반고	건양대학교병설건양고등학교	일반고	대흥고등학교
일반고	논산대건고등학교	일반고	삽교고등학교
일반고	논산여자고등학교	일반고	예산고등학교
일반고	쌘뽈여자고등학교	일반고	예산여자고등학교
일반고	연무고등학교	일반고	예산예화여자고등학교
일반고	계룡고등학교	일반고	만리포고등학교
일반고	금산고등학교	일반고	안면고등학교
일반고	금산여자고등학교	일반고	태안고등학교
일반고	부여고등학교	일반고	태안여자고등학교
일반고	부여여자고등학교	일반고	당진고등학교
일반고	서천고등학교	일반고	서야고등학교
일반고	장항고등학교	일반고	송악고등학교
일반고	정산고등학교	일반고	신평고등학교

일반고	합덕여자고등학교	특성화고(직업)	충남해양과학고등학교
일반고	호서고등학교	특성화고(직업)	아산전자기계고등학교
자율고	북일고등학교	특성화고(직업)	운산공업고등학교
자율고	천안업성고등학교	특성화고(직업)	강상고등학교
자율고	충남삼성고등학교	특성화고(직업)	논산공업고등학교
자율고	대산고등학교	특성화고(직업)	논산여자상업고등학교
자율고	강경고등학교	특성화고(직업)	충남인터넷고등학교
자율고	논산고등학교	특성화고(직업)	금산산업고등학교
자율고	용남고등학교	특성화고(직업)	금산하이텍고등학교
자율고	서천여자고등학교	특성화고(직업)	부여전자고등학교
자율고	덕산고등학교	특성화고(직업)	부여정보고등학교
특성화고(대안)	한마음고등학교	특성화고(직업)	충남발효식품고등학교
특성화고(대안)	공동체비전고등학교	특성화고(직업)	서천여자정보고등학교
특성화고(직업)	병천고등학교	특성화고(직업)	충남조선공업고등학교
특성화고(직업)	천안공업고등학교	특성화고(직업)	홍성공업고등학교
특성화고(직업)	천안상업고등학교	특성화고(직업)	예산전자공업고등학교
특성화고(직업)	천안여자상업고등학교	특성화고(직업)	당진정보고등학교
특성화고(직업)	공주생명과학고등학교	특수목적고	충남예술고등학교
특성화고(직업)	공주정보고등학교	특수목적고	공주마이스터고등학교
특성화고(직업)	대천여자상업고등학교	특수목적고	충남과학고등학교
특성화고(직업)	주산산업고등학교	특수목적고	충남외국어고등학교

학교 유형	학교명	학교 유형	학교명
특수목적고	연무대기계공업고등학교	일반고	전주여자고등학교
특수목적고	충남체육고등학교	일반고	전주영생고등학교
특수목적고	충남디자인예술고등학교	일반고	전주제일고등학교
특수목적고	합덕제철고등학교	일반고	전주중앙여자고등학교
전북		일반고	전주한일고등학교
학교 유형	학교명	일반고	전주해성고등학교
일반고	동암고등학교	일반고	한국전통문화고등학교
일반고	완산고등학교	일반고	호남제일고등학교
일반고	우석고등학교	일반고	군산남고등학교
일반고	유일여자고등학교	일반고	군산동고등학교
일반고	전라고등학교	일반고	군산여자고등학교
일반고	전북대학교사범대학부설고등학교	일반고	군산영광여자고등학교
일반고	전북여자고등학교	일반고	군산제일고등학교
일반고	전일고등학교	일반고	군산중앙여자고등학교
일반고	전주고등학교	일반고	성일고등학교
일반고	전주근영여자고등학교	일반고	여산고등학교
일반고	전주기전여자고등학교	일반고	원광고등학교
일반고	전주대학교사범대학부설고등학교	일반고	원광여자고등학교
일반고	전주성심여자고등학교	일반고	원광정보예술고등학교
일반고	전주솔내고등학교	일반고	이리고등학교
일반고	전주신흥고등학교	일반고	이리남성여자고등학교

일반고	이리여자고등학교		일반고	김제고등학교
일반고	이일여자고등학교		일반고	김제서고등학교
일반고	익산고등학교		일반고	김제여자고등학교
일반고	전북제일고등학교		일반고	덕암고등학교
일반고	함열고등학교		일반고	동국대학교사범대학부속금산고등학교
일반고	함열여자고등학교		일반고	만경고등학교
일반고	배영고등학교		일반고	만경여자고등학교
일반고	서영여자고등학교		일반고	고산고등학교
일반고	신태인고등학교		일반고	완주고등학교
일반고	왕신여자고등학교		일반고	한별고등학교
일반고	인상고등학교		일반고	마령고등학교
일반고	정읍여자고등학교		일반고	안천고등학교
일반고	정주고등학교		일반고	진안제일고등학교
일반고	태인고등학교		일반고	무주고등학교
일반고	호남고등학교		일반고	무풍고등학교
일반고	남원고등학교		일반고	설천고등학교
일반고	남원국악예술고등학교		일반고	안성고등학교
일반고	남원서진여자고등학교		일반고	백화여자고등학교
일반고	남원여자고등학교		일반고	산서고등학교
일반고	성원고등학교		일반고	장수고등학교
일반고	인월고등학교		일반고	한국마사고등학교

일반고	임실고등학교	특성화고(직업)	완산여자고등학교
일반고	동계고등학교	특성화고(직업)	전주공업고등학교
일반고	순창고등학교	특성화고(직업)	전주상업정보고등학교
일반고	순창제일고등학교	특성화고(직업)	전주생명과학고등학교
일반고	고창고등학교	특성화고(직업)	군산상업고등학교
일반고	고창북고등학교	특성화고(직업)	군산여자상업고등학교
일반고	고창여자고등학교	특성화고(직업)	이리공업고등학교
일반고	영선고등학교	특성화고(직업)	진경여자고등학교
일반고	해리고등학교	특성화고(직업)	정읍제일고등학교
일반고	백산고등학교	특성화고(직업)	칠보고등학교
일반고	부안고등학교	특성화고(직업)	학산고등학교
일반고	부안여자고등학교	특성화고(직업)	남원용성고등학교
일반고	위도고등학교	특성화고(직업)	남원제일고등학교
자율고	상산고등학교	특성화고(직업)	김제자영고등학교
자율고	군산고등학교	특성화고(직업)	덕암정보고등학교
자율고	군산중앙고등학교	특성화고(직업)	삼례공업고등학교
자율고	남성고등학교	특성화고(직업)	한국게임과학고등학교
자율고	정읍고등학교	특성화고(직업)	진안공업고등학교
특성화고(대안)	지평선고등학교	특성화고(직업)	한국한방고등학교
특성화고(대안)	세인고등학교	특성화고(직업)	장계공업고등학교
특성화고(대안)	푸른꿈고등학교	특성화고(직업)	오수고등학교

특성화고(직업)	한국치즈과학고등학교
특성화고(직업)	강호항공고등학교
특성화고(직업)	부안여자상업고등학교
특성화고(직업)	부안제일고등학교
특성화고(직업)	줄포자동차공업고등학교
특수목적고	군산기계공업고등학교
특수목적고	전북외국어고등학교
특수목적고	전북과학고등학교
특수목적고	전북기계공업고등학교
특수목적고	한국경마축산고등학교
특수목적고	전북체육고등학교
특수목적고	전주예술고등학교
전남	
학교 유형	학교명
일반고	목상고등학교
일반고	목포덕인고등학교
일반고	목포마리아회고등학교
일반고	목포여자고등학교
일반고	목포정명여자고등학교
일반고	목포제일여자고등학교
일반고	목포혜인여자고등학교

일반고	목포홍일고등학교
일반고	문태고등학교
일반고	영흥고등학교
일반고	부영여자고등학교
일반고	여남고등학교
일반고	여수여자고등학교
일반고	여수중앙여자고등학교
일반고	여수충무고등학교
일반고	여수화양고등학교
일반고	여양고등학교
일반고	여천고등학교
일반고	한영고등학교
일반고	순천강남여자고등학교
일반고	순천금당고등학교
일반고	순천매산고등학교
일반고	순천매산여자고등학교
일반고	순천복성고등학교
일반고	순천여자고등학교
일반고	순천제일고등학교
일반고	순천팔마고등학교
일반고	순천효천고등학교

일반고	광남고등학교	일반고	화순이양고등학교
일반고	금성고등학교	일반고	장흥고등학교
일반고	봉황고등학교	일반고	장흥관산고등학교
일반고	영산고등학교	일반고	강진고등학교
일반고	광양백운고등학교	일반고	성요셉여자고등학교
일반고	광양여자고등학교	일반고	성전고등학교
일반고	광영고등학교	일반고	송지고등학교
일반고	중마고등학교	일반고	화원고등학교
일반고	담양고등학교	일반고	삼호고등학교
일반고	창평고등학교	일반고	영암고등학교
일반고	곡성고등학교	일반고	영암낭주고등학교
일반고	옥과고등학교	일반고	영암여자고등학교
일반고	구례고등학교	일반고	무안고등학교
일반고	고흥고등학교	일반고	백제고등학교
일반고	녹동고등학교	일반고	해제고등학교
일반고	벌교고등학교	일반고	현경고등학교
일반고	벌교여자고등학교	일반고	나산고등학교
일반고	보성고등학교	일반고	학다리고등학교
일반고	예당고등학교	일반고	함평고등학교
일반고	능주고등학교	일반고	함평여자고등학교
일반고	화순고등학교	일반고	영광고등학교

일반고	해룡고등학교	자율고	해남고등학교
일반고	문향고등학교	자율고	남악고등학교
일반고	장성고등학교	특성화고(대안)	한빛고등학교
일반고	고금고등학교	특성화고(대안)	한울고등학교
일반고	노화고등학교	특성화고(대안)	영산성지고등학교
일반고	약산고등학교	특성화고(직업)	목포공업고등학교
일반고	완도고등학교	특성화고(직업)	목포성신고등학교
일반고	완도금일고등학교	특성화고(직업)	목포여자상업고등학교
일반고	조도고등학교	특성화고(직업)	목포중앙고등학교
일반고	진도고등학교	특성화고(직업)	여수공업고등학교
일반고	도초고등학교	특성화고(직업)	여수정보과학고등학교
일반고	안좌고등학교	특성화고(직업)	여수해양과학고등학교
일반고	임자고등학교	특성화고(직업)	진성여자고등학교
일반고	지명고등학교	특성화고(직업)	순천공업고등학교
일반고	하의고등학교	특성화고(직업)	순천전자고등학교
자율고	목포고등학교	특성화고(직업)	순천청암고등학교
자율고	여수고등학교	특성화고(직업)	순천효산고등학교
자율고	순천고등학교	특성화고(직업)	한국바둑고등학교
자율고	나주고등학교	특성화고(직업)	나주공업고등학교
자율고	광양고등학교	특성화고(직업)	나주상업고등학교
자율고	광양제철고등학교	특성화고(직업)	전남미용고등학교

특성화고(직업)	호남원예고등학교	특성화고(직업)	영광공업고등학교
특성화고(직업)	광양실업고등학교	특성화고(직업)	영광전자고등학교
특성화고(직업)	담양공업고등학교	특성화고(직업)	삼계고등학교
특성화고(직업)	전남조리과학고등학교	특성화고(직업)	장성실업고등학교
특성화고(직업)	전남자연과학고등학교	특성화고(직업)	진도실업고등학교
특성화고(직업)	고흥도화고등학교	특성화고(직업)	신안해양과학고등학교
특성화고(직업)	고흥산업과학고등학교	특수목적고	여수석유화학고등학교
특성화고(직업)	고흥영주고등학교	특수목적고	전남과학고등학교
특성화고(직업)	다향고등학교	특수목적고	전남외국어고등학교
특성화고(직업)	벌교상업고등학교	특수목적고	한국항만물류고등학교
특성화고(직업)	전남기술과학고등학교	특수목적고	전남생명과학고등학교
특성화고(직업)	정남진산업고등학교	특수목적고	전남예술고등학교
특성화고(직업)	한국말산업고등학교	특수목적고	전남체육고등학교
특성화고(직업)	병영상업고등학교	특수목적고	완도수산고등학교
특성화고(직업)	해남공업고등학교	특수목적고	진도국악고등학교
특성화고(직업)	황산고등학교	경북	
특성화고(직업)	구림공업고등학교	학교 유형	학교명
특성화고(직업)	영암전자과학고등학교	일반고	기계고등학교
특성화고(직업)	전남보건고등학교	일반고	대동고등학교
특성화고(직업)	함평골프고등학교	일반고	동지고등학교
특성화고(직업)	법성고등학교	일반고	동지여자고등학교

일반고	두호고등학교	일반고	선덕여자고등학교
일반고	세명고등학교	일반고	신라고등학교
일반고	세화고등학교	일반고	안강여자고등학교
일반고	영일고등학교	일반고	김천여자고등학교
일반고	오천고등학교	일반고	김천중앙고등학교
일반고	유성여자고등학교	일반고	성의고등학교
일반고	포항고등학교	일반고	성의여자고등학교
일반고	포항동성고등학교	일반고	한일여자고등학교
일반고	포항여자고등학교	일반고	경안고등학교
일반고	포항영신고등학교	일반고	경안여자고등학교
일반고	포항이동고등학교	일반고	경일고등학교
일반고	포항장성고등학교	일반고	길원여자고등학교
일반고	포항중앙고등학교	일반고	성창여자고등학교
일반고	포항중앙여자고등학교	일반고	성희여자고등학교
일반고	감포고등학교	일반고	안동여자고등학교
일반고	경주고등학교	일반고	안동중앙고등학교
일반고	경주여자고등학교	일반고	영문고등학교
일반고	계림고등학교	일반고	풍산고등학교
일반고	근화여자고등학교	일반고	경구고등학교
일반고	무산고등학교	일반고	구미고등학교
일반고	문화고등학교	일반고	구미여자고등학교

일반고	금오고등학교	일반고	포은고등학교
일반고	금오여자고등학교	일반고	상주고등학교
일반고	도개고등학교	일반고	상지여자고등학교
일반고	사곡고등학교	일반고	우석여자고등학교
일반고	상모고등학교	일반고	중모고등학교
일반고	선산고등학교	일반고	함창고등학교
일반고	선주고등학교	일반고	화령고등학교
일반고	오상고등학교	일반고	가은고등학교
일반고	현일고등학교	일반고	문경여자고등학교
일반고	형곡고등학교	일반고	문창고등학교
일반고	대영고등학교	일반고	경산여자고등학교
일반고	선영여자고등학교	일반고	대구가톨릭대학교사범대학부속무학고등학교
일반고	영광고등학교	일반고	문명고등학교
일반고	영광여자고등학교	일반고	영남삼육고등학교
일반고	영주고등학교	일반고	진량고등학교
일반고	영주여자고등학교	일반고	하양여자고등학교
일반고	선화여자고등학교	일반고	군위고등학교
일반고	영동고등학교	일반고	효령고등학교
일반고	영천고등학교	일반고	금성고등학교
일반고	영천성남여자고등학교	일반고	안계고등학교
일반고	영천여자고등학교	일반고	의성고등학교

일반고	의성여자고등학교	일반고	석적고등학교
일반고	안덕고등학교	일반고	순심고등학교
일반고	진보고등학교	일반고	순심여자고등학교
일반고	청송고등학교	일반고	약목고등학교
일반고	청송여자고등학교	일반고	칠곡고등학교
일반고	현서고등학교	일반고	감천고등학교
일반고	수비고등학교	일반고	대창고등학교
일반고	영양고등학교	일반고	예천여자고등학교
일반고	영양여자고등학교	일반고	풍양고등학교
일반고	영덕고등학교	일반고	소천고등학교
일반고	영덕여자고등학교	일반고	죽변고등학교
일반고	영해고등학교	일반고	후포고등학교
일반고	금천고등학교	자율고	포항제철고등학교
일반고	모계고등학교	자율고	김천고등학교
일반고	이서고등학교	자율고	안동고등학교
일반고	청도고등학교	자율고	인동고등학교
일반고	대가야고등학교	자율고	영주제일고등학교
일반고	가천고등학교	자율고	상주여자고등학교
일반고	성주고등학교	자율고	점촌고등학교
일반고	성주여자고등학교	자율고	경산고등학교
일반고	동명고등학교	자율고	북삼고등학교

자율고	봉화고등학교	특성화고(직업)	한국생명과학고등학교
자율고	울진고등학교	특성화고(직업)	경북생활과학고등학교
특성화고(대안)	경주화랑고등학교	특성화고(직업)	구미여자상업고등학교
특성화고(직업)	서포고등학교	특성화고(직업)	구미정보고등학교
특성화고(직업)	포항과학기술고등학교	특성화고(직업)	경북항공고등학교
특성화고(직업)	포항여자전자고등학교	특성화고(직업)	영주동산고등학교
특성화고(직업)	포항해양과학고등학교	특성화고(직업)	금호공업고등학교
특성화고(직업)	흥해공업고등학교	특성화고(직업)	영천상업고등학교
특성화고(직업)	경주공업고등학교	특성화고(직업)	영천전자고등학교
특성화고(직업)	경주디자인고등학교	특성화고(직업)	상산전자고등학교
특성화고(직업)	경주마케팅고등학교	특성화고(직업)	상주공업고등학교
특성화고(직업)	경주여자정보고등학교	특성화고(직업)	용운고등학교
특성화고(직업)	경주정보고등학교	특성화고(직업)	경북관광고등학교
특성화고(직업)	삼성생활예술고등학교	특성화고(직업)	문경공업고등학교
특성화고(직업)	신라공업고등학교	특성화고(직업)	경북자동차고등학교
특성화고(직업)	안강전자고등학교	특성화고(직업)	경산여자상업고등학교
특성화고(직업)	태화고등학교	특성화고(직업)	군위정보고등학교
특성화고(직업)	경북과학기술고등학교	특성화고(직업)	금성여자상업고등학교
특성화고(직업)	김천상업고등학교	특성화고(직업)	다인정보고등학교
특성화고(직업)	김천생명과학고등학교	특성화고(직업)	봉양정보고등학교
특성화고(직업)	경북하이텍고등학교	특성화고(직업)	의성공업고등학교

특성화고(직업)	청송자동차고등학교
특성화고(직업)	강구정보고등학교
특성화고(직업)	청도전자고등학교
특성화고(직업)	고령고등학교
특성화고(직업)	명인정보고등학교
특성화고(직업)	경북인터넷고등학교
특성화고(직업)	한국산림과학고등학교
특성화고(직업)	평해정보고등학교
특성화고(직업)	울릉고등학교
특수목적고	경북과학고등학교
특수목적고	포항예술고등학교
특수목적고	포항제철공업고등학교
특수목적고	김천예술고등학교
특수목적고	경북외국어고등학교
특수목적고	구미전자공업고등학교
특수목적고	금오공업고등학교
특수목적고	경북체육고등학교
특수목적고	경산과학고등학교
특수목적고	한국원자력마이스터고등학교
경남	
학교 유형	학교명

일반고	경상고등학교
일반고	마산가포고등학교
일반고	마산구암고등학교
일반고	마산내서여자고등학교
일반고	마산무학여자고등학교
일반고	마산삼진고등학교
일반고	마산여자고등학교
일반고	마산용마고등학교
일반고	마산제일고등학교
일반고	마산제일여자고등학교
일반고	마산중앙고등학교
일반고	성지여자고등학교
일반고	진해고등학교
일반고	진해여자고등학교
일반고	진해용원고등학교
일반고	진해중앙고등학교
일반고	창신고등학교
일반고	창원경일고등학교
일반고	창원경일여자고등학교
일반고	창원고등학교
일반고	창원남고등학교

일반고	창원남산고등학교	일반고	진서고등학교
일반고	창원대산고등학교	일반고	진주동명고등학교
일반고	창원대암고등학교	일반고	진주여자고등학교
일반고	창원명곡고등학교	일반고	진주외국어고등학교
일반고	창원명지여자고등학교	일반고	진주제일여자고등학교
일반고	창원문성고등학교	일반고	진주중앙고등학교
일반고	창원봉림고등학교	일반고	동원고등학교
일반고	창원사파고등학교	일반고	충렬여자고등학교
일반고	창원성민여자고등학교	일반고	충무고등학교
일반고	창원신월고등학교	일반고	통영고등학교
일반고	창원여자고등학교	일반고	통영여자고등학교
일반고	창원용호고등학교	일반고	곤양고등학교
일반고	창원중앙여자고등학교	일반고	사천고등학교
일반고	창원토월고등학교	일반고	삼천포고등학교
일반고	합포고등학교	일반고	삼천포여자고등학교
일반고	경상대학교사범대학부설고등학교	일반고	삼천포중앙고등학교
일반고	경해여자고등학교	일반고	용남고등학교
일반고	대곡고등학교	일반고	김해가야고등학교
일반고	대아고등학교	일반고	김해대청고등학교
일반고	명신고등학교	일반고	김해분성고등학교
일반고	삼현여자고등학교	일반고	김해분성여자고등학교

일반고	김해삼문고등학교	일반고	물금고등학교
일반고	김해삼방고등학교	일반고	범어고등학교
일반고	김해여자고등학교	일반고	보광고등학교
일반고	김해영운고등학교	일반고	서창고등학교
일반고	김해율하고등학교	일반고	양산남부고등학교
일반고	김해임호고등학교	일반고	양산여자고등학교
일반고	김해중앙여자고등학교	일반고	양산제일고등학교
일반고	장유고등학교	일반고	웅상고등학교
일반고	진영고등학교	일반고	효암고등학교
일반고	밀성고등학교	일반고	의령고등학교
일반고	밀양고등학교	일반고	의령여자고등학교
일반고	밀양동명고등학교	일반고	군북고등학교
일반고	밀양여자고등학교	일반고	명덕고등학교
일반고	삼랑진고등학교	일반고	칠원고등학교
일반고	세종고등학교	일반고	함안고등학교
일반고	거제고등학교	일반고	남지고등학교
일반고	거제상문고등학교	일반고	영산고등학교
일반고	거제옥포고등학교	일반고	창녕고등학교
일반고	거제중앙고등학교	일반고	창녕대성고등학교
일반고	연초고등학교	일반고	창녕여자고등학교
일반고	해성고등학교	일반고	창녕옥야고등학교

일반고	고성고등학교	일반고	거창고등학교
일반고	고성중앙고등학교	일반고	거창대성고등학교
일반고	철성고등학교	일반고	거창여자고등학교
일반고	남해고등학교	일반고	거창중앙고등학교
일반고	남해제일고등학교	일반고	대성일고등학교
일반고	남해해성고등학교	일반고	아림고등학교
일반고	창선고등학교	일반고	삼가고등학교
일반고	금남고등학교	일반고	야로고등학교
일반고	옥종고등학교	일반고	합천고등학교
일반고	진교고등학교	일반고	합천여자고등학교
일반고	하동고등학교	자율고	마산고등학교
일반고	하동여자고등학교	자율고	웅천고등학교
일반고	경호고등학교	자율고	창원중앙고등학교
일반고	단성고등학교	자율고	진양고등학교
일반고	덕산고등학교	자율고	진주고등학교
일반고	산청고등학교	자율고	김해경원고등학교
일반고	생초고등학교	자율고	김해고등학교
일반고	신등고등학교	자율고	김해제일고등학교
일반고	서상고등학교	자율고	거제제일고등학교
일반고	안의고등학교	자율고	양산고등학교
일반고	함양고등학교	특성화고(직업)	경남관광고등학교

특성화고(대안)	태봉고등학교	특성화고(직업)	밀양전자고등학교
특성화고(대안)	간디고등학교	특성화고(직업)	거제여자상업고등학교
특성화고(대안)	지리산고등학교	특성화고(직업)	경남산업고등학교
특성화고(대안)	원경고등학교	특성화고(직업)	신반정보고등학교
특성화고(직업)	마산공업고등학교	특성화고(직업)	경남로봇고등학교
특성화고(직업)	진해세화여자고등학교	특성화고(직업)	창녕공업고등학교
특성화고(직업)	창원공업고등학교	특성화고(직업)	창녕제일고등학교
특성화고(직업)	창원기계공업고등학교	특성화고(직업)	경남항공고등학교
특성화고(직업)	한일전산여자고등학교	특성화고(직업)	경남해양과학고등학교
특성화고(직업)	경남자동차고등학교	특성화고(직업)	남해정보산업고등학교
특성화고(직업)	경남정보고등학교	특성화고(직업)	경남간호고등학교
특성화고(직업)	경진고등학교	특성화고(직업)	함양제일고등학교
특성화고(직업)	선명여자고등학교	특성화고(직업)	가조익천고등학교
특성화고(직업)	진주기계공업고등학교	특성화고(직업)	초계고등학교
특성화고(직업)	경남자영고등학교	특수목적고	창원과학고등학교
특성화고(직업)	사천여자고등학교	특수목적고	경남과학고등학교
특성화고(직업)	김해건설공업고등학교	특수목적고	경남예술고등학교
특성화고(직업)	김해생명과학고등학교	특수목적고	경남체육고등학교
특성화고(직업)	김해한일여자고등학교	특수목적고	삼천포공업고등학교
특성화고(직업)	진영제일고등학교	특수목적고	김해외국어고등학교
특성화고(직업)	밀성제일고등학교	특수목적고	거제공업고등학교

특수목적고	경남외국어고등학교

제주	
학교 유형	학교명
일반고	남녕고등학교
일반고	대기고등학교
일반고	세화고등학교
일반고	신성여자고등학교
일반고	애월고등학교
일반고	영주고등학교
일반고	오현고등학교
일반고	제주대학교사범대학부설고등학교
일반고	제주여자고등학교
일반고	제주제일고등학교
일반고	제주중앙고등학교
일반고	제주중앙여자고등학교
일반고	한림고등학교
일반고	함덕고등학교
일반고	남주고등학교
일반고	대정고등학교
일반고	대정여자고등학교
일반고	삼성여자고등학교
일반고	서귀포고등학교
일반고	성산고등학교
일반고	표선고등학교
자율고	서귀포여자고등학교
특성화고(직업)	제주고등학교
특성화고(직업)	제주여자상업고등학교
특성화고(직업)	한국뷰티고등학교
특성화고(직업)	한림공업고등학교
특성화고(직업)	서귀포산업과학고등학교
특성화고(직업)	중문고등학교
특수목적고	제주과학고등학교
특수목적고	제주외국어고등학교